Descargue la versión del audiolibro GRATIS

Si le encanta escuchar audiolibros mientras viaja, puede descargar la versión en audiolibro de este libro GRATIS simplemente registrándose para una prueba audible GRATUITA de 30 días.

Escanee el código QR o haga clic en los enlaces a continuación para comenzar

>> Para Audible EE. UU. <<

>> Para Audible Reino Unido <<

>> Para FR audible <<

>> Para Audible DE <<

>>Para CA audible<<

>>Para Audible AU<<

EL DIARIO DE TRABAJO EN LA SOMBRA

EDICIÓN LGBTQ+

CALLIE PARKER

BIENVENIDO a
DeSBLOQUeaNDO La FeLICIDaD

SU GUÍA DE ACTIVIDADES QUE MEJORAN SU ESTADO DE ÁNIMO

Embárcate en un viaje para mejorar tu estado de ánimo diario y aprovechar el poder transformador de la felicidad. En estas páginas, descubrirá los fundamentos científicos de cómo las actividades pueden mejorar significativamente su bienestar y aprenderá por qué aceptar nuevas experiencias es clave para una vida plena.

¿Qué obtendrá con este libro electrónico?

- Perspectivas respaldadas por la ciencia
- Estrategias prácticas
- Hábitos diarios
- Actividades inspiradoras
- Actividades creativas y sociales
- Técnicas de Mindfulness y Relajación
- Planificador personalizable

¿Listo para aumentar tu felicidad? ¡Comienza tu viaje ahora! Escanee el código QR o siga el enlace a continuación para unirse a nuestro boletín para obtener contenido exclusivo y comenzar a construir su vida feliz hoy.

Envíame mi libro electrónico gratuito
Desbloqueando la felicidad

Introducción al Diario Guiado para Abrazar la Identidad LGBTQ y el Trabajo de Sombras

Bienvenido a The Shadow Work Journal: Edición LGBTQ+: Actividades Guiadas para el Auto-Amor y el Empoderamiento. Este diario está diseñado para acompañar y mejorar tu experiencia con el Trabajo de Sombras: Edición LGBTQ+. A medida que te embarcas en tu viaje de autodescubrimiento, crecimiento personal y aceptación de la identidad, este diario te servirá como herramienta práctica y reflexiva para profundizar en tu comprensión y aplicación de los conceptos explorados en el libro principal.

En Trabajo en la sombra: Edición LGBTQ+, nos adentramos en los retos únicos y en las profundas percepciones asociadas a abrazar tu verdadera identidad dentro de la comunidad LGBTQ+. Este diario está estructurado para guiarte a través de los ejercicios y reflexiones presentados en cada capítulo, ofreciéndote un espacio para documentar tus pensamientos, sentimientos y crecimiento.

Cada sección de este diario corresponde a un capítulo del libro principal, y ofrece sugerencias y actividades diseñadas para ayudarte a integrar las enseñanzas en tu vida diaria. A través de la reflexión consciente, la exploración de símbolos y el reconocimiento de sincronicidades, descubrirás capas más profundas de tu psique y construirás un sentido del yo más fuerte y resistente.

A medida que trabajes en este diario, tómate tu tiempo para dedicarte plenamente a cada pregunta y ejercicio. Permítete ser honesto y abierto, abrazando el proceso de autodescubrimiento con compasión y curiosidad. Este diario es tu espacio personal para explorar, reflexionar y crecer.

Recuerde que este viaje es exclusivamente suyo. Utiliza este diario como complemento del libro principal, pero también como testimonio personal de tu valentía, resistencia y compromiso para vivir con autenticidad. Juntos, el libro y el diario te ayudarán a navegar por las complejidades de la identidad, a fomentar la autoaceptación y a cultivar una vida de verdadera plenitud y alegría.

Empecemos juntos este viaje transformador.

Objetivo de la revista

En estas páginas encontrarás algo más que espacios en blanco a la espera de tinta. Este diario pretende desempeñar múltiples funciones en tu viaje:

- Espejo del alma: a menudo, el acto de escribir revela emociones y realizaciones que yacen bajo nuestra comprensión consciente. Al reflexionar sobre las indicaciones guiadas, profundizarás en tus sentimientos, lo que te permitirá establecer una conexión profunda con tu yo más íntimo.
- Espacio seguro: Este diario es una zona libre de juicios. Su único propósito es proporcionarte un entorno confidencial en el que puedas ser sincero, honesto y vulnerable. Aquí, cada emoción es válida y cada pensamiento es reconocido.
- Compañero de curación: A medida que recorres tu camino, te encontrarás con recuerdos y emociones, tanto agradables como desafiantes. Escribir puede ser terapéutico, ya que ayuda a procesar traumas pasados, a celebrar logros y a mirar hacia un futuro esperanzador.
- Guía para el crecimiento: Las pautas se han elaborado no sólo para la reflexión, sino también para el crecimiento personal. Te a enfrentarte a tus sombras, celebrar tu identidad y identidad y visualizar un futuro alineado con tu auténtico yo.
- Un legado de tu viaje: Con el tiempo, a medida que se llenen las páginas, este diario se convertirá en un testimonio de tu resistencia, evolución y autenticidad. Se convertirá en un relato de tu viaje único, que podrás volver a visitar e incluso compartir si así lo deseas.

Recuerda que no hay una forma correcta o incorrecta de abordar este diario. Es tu historia, tu voz y tu verdad. Embarquémonos juntos en este viaje introspectivo, y que encuentres claridad, fuerza y una comprensión más profunda de tu yo maravillosamente único a lo largo del camino.

Importancia de la reflexión en el viaje LGBTQ.

La reflexión, el arte de mirar atrás para mirar adelante, ocupa un lugar único en el viaje de los LGBTQ. Aunque todo el mundo, independientemente de su identidad, se beneficia de la introspección, para los miembros de la comunidad LGBTQ, este proceso tiene matices y capas profundamente entrelazadas con sus experiencias vividas.

- Comprenderse a sí mismo en un contexto complejo: Crecer como LGBTQ a menudo significa navegar por un mundo en el que los sentimientos y la identidad pueden no encajar perfectamente en las normas sociales. La reflexión ayuda a descodificar estas experiencias, comprender los sentimientos personales y separar el yo de las expectativas y los prejuicios sociales.
- Procesar el trauma y el triunfo: El viaje LGBTQ puede estar lleno de momentos de dolor y alegría, rechazo y aceptación, aislamiento y comunidad. Reflexionando sobre estas experiencias, uno puede procesar traumas, curar heridas y celebrar victorias personales.
- Recuperar las narrativas: El acto de reflexionar permite recuperar las narrativas personales. En un mundo en el que las historias LGBTQ suelen distorsionarse, eclipsarse o ignorarse, sentarse con las propias experiencias y validarlas es un poderoso acto de resistencia y afirmación.
- Imaginar un mañana mejor: La reflexión no consiste sólo en mirar atrás, sino también en visualizar el futuro. Al comprender dónde se ha estado y reconocer dónde se está, el camino hacia adelante se vuelve más claro, lleno de esperanzas, sueños y aspiraciones.
- Reforzar los lazos comunitarios: Compartir reflexiones dentro de la comunidad puede ser un acto unificador. Escuchar y ser escuchado, comprender y ser comprendido: estos momentos compartidos de introspección construyen un tapiz de viajes diversos pero interconectados.

En esencia, la reflexión guía al individuo LGBTQ a través de las tumultuosas aguas del autodescubrimiento, la aceptación y la defensa. Al participar regularmente en esta práctica introspectiva, se alimenta una relación más profunda, compasiva y fortalecedora con uno mismo y con la comunidad LGBTQ en general.

Cómo utilizar este diario

Bienvenido a un espacio creado especialmente para ti, un espacio en el que tu voz, tus sentimientos y tus experiencias son los protagonistas. Este diario guiado está diseñado no sólo para documentar momentos, sino para que sea una herramienta para comprender, sanar y celebrar tu viaje LGBTQ único. A continuación te explicamos cómo sacarle el máximo partido:

- Establece una rutina: Aunque puedes llevar un diario siempre que te apetezca, establecer una rutina regular puede ayudarte a crear un espacio constante para la reflexión. Ya sea diaria, semanal o incluso mensualmente, elige la cadencia que más te convenga.
- Busca un lugar cómodo: Busca un lugar tranquilo y cómodo donde te sientas seguro y a gusto. Este espacio físico puede facilitar un espacio mental propicio para la introspección.
- Sé sincero contigo mismo: El diario es un espacio privado, sólo para ti. No hay necesidad de filtrar, editar o censurar tus pensamientos. Sé auténtico y deja que fluyan tus sentimientos.
- Participa en las actividades: A lo largo de este diario, encontrarás varias sugerencias diseñadas para guiar tu reflexión. Utilízalas como punto de partida, pero siéntete libre de desviarte si te atrae otro camino.
- Revisa entradas anteriores: A medida que avances en tu diario, tómate un tiempo para revisar entradas anteriores. Reflexionar sobre pensamientos pasados puede ayudarte a comprender mejor tu crecimiento, los cambios y las constantes de tu vida.
- Añade imágenes si te sientes inspirado: Si te apetece, añade bocetos, garabatos o incluso fotografías a tus anotaciones. Los elementos visuales pueden capturar emociones y momentos de una forma que las palabras no pueden.
- Practica la autocompasión: Puede que algunas reflexiones te traigan recuerdos dolorosos o emociones difíciles. Sé .

- amable contigo mismo. Si alguna vez te sientes demasiado abrumado, considera la posibilidad de buscar el apoyo de personas o profesionales de confianza.
- Celebra tu viaje: Recuerda que cada entrada, ya esté llena de alegría, tristeza, confusión o claridad, es un testimonio de tu resistencia, crecimiento y trayectoria única en el espectro LGBTQ. Celebra cada palabra, cada emoción.

Por último, recuerda que no hay una forma «correcta» o «incorrecta» de utilizar este diario. Es una herramienta fluida y evolutiva que se adapta a tus necesidades y experiencias. Acepta el viaje y deja que este diario te acompañe en tu camino hacia la comprensión, la aceptación y la celebración

Diario guiado

Diario de trabajo guiado en la sombra Edición LGBTQ+

Sección 1: Descubrimiento y aceptación de la identidad

Registros de viaje personal: reflexiona sobre los momentos de realización, aceptación y salida del armario.

Desafíos y Triunfos: Crónica de los desafíos enfrentados y cómo fueron superados.

Identidad y autoestima: ejercicios para reforzar el amor propio y la aceptación.

Sección 2: Arquetipos y Representación

Identificación de arquetipos LGBTQ+: exploración de roles como el defensor, el pionero, el sanador, etc.

Fortalezas y sombras: reflexiona sobre las fortalezas y los posibles obstáculos de cada arquetipo.

Íconos e inspiraciones: reflexiona sobre las figuras LGBTQ+ que te han inspirado o impactado.

Sección 3: Relaciones, Proyección e Intimidad

Navegando en las relaciones: explore experiencias en las relaciones, ya sean platónicas, familiares o románticas.

Frente a Proyecciones Externas: Reconocer momentos de sesgos y proyecciones externas.

Sentimientos internalizados: Profundice en sentimientos de homofobia internalizada, transfobia u otras luchas internas.

Sección 4: Sueños y autorrealización

Dream Logs: Espacios para anotar sueños recurrentes o viajes nocturnos impactantes.

Interpretaciones de sueños: indicaciones guiadas para interpretar sueños relacionados con experiencias LGBTQ+.

Deseos y Esperanzas: Reflexionar sobre aspiraciones, anhelos y visiones de futuro para uno mismo.

Sección 5: Interacciones sociales y autodefensa

De cara al mundo: explore los sentimientos al interactuar con la sociedad en general.

Momentos de autodefensa: narra casos de defensa de uno mismo o de otros en la comunidad LGBTQ+.

Construyendo espacios seguros: reflexione sobre la creación o búsqueda de entornos seguros para la expresión y el crecimiento.

Sección 6: Atención plena y bienestar mental

Ejercicios diarios de Mindfulness: Prácticas a medida para garantizar el bienestar mental.

Registros emocionales: espacios regulares para rastrear estados emocionales y sentimientos.

Encontrar el equilibrio: reflexionar sobre cómo equilibrar los matices de la identidad LGBTQ+ con otros aspectos de la vida.

Sección 7: Símbolos, Sincronicidades y Crecimiento

Símbolos LGBTQ+ y sus significados: Sumérgete en el significado de varios símbolos como la bandera del arcoíris, el triángulo rosa, etc.

Coincidencias con el significado: observe cualquier evento sincrónico y sus posibles significados.

Abrazar el crecimiento personal: celebre los hitos y el viaje de autodescubrimiento.

Conclusión: Celebrando el espectro

Reflexione sobre el crecimiento y los conocimientos adquiridos a lo largo del proceso de llevar el diario.

Establecer intenciones y esperanzas para el futuro.

INTRODUCCIÓN EL ESPECTRO DEL YO

Escribe sobre lo que te llevó a leer este diario. ¿Hubo algún incidente, sentimiento o deseo específico?

Descríbete con tus propias palabras sin utilizar etiquetas. Sumérgete profundamente en tu personalidad, aspiraciones y sueños.

Si tu identidad fuera una mezcla de colores, ¿cuáles serían y por qué?
Siéntete libre de garabatear, dibujar o simplemente escribir.

Recuerda y anota casos en los que te sentiste especialmente
orgulloso de tu identidad LGBTQ+.

Reflexiona sobre un momento en el que enfrentaste un desafío relacionado con tu identidad. ¿Cómo te hizo sentir y cómo lo superaste?

"*Ser tú mismo en un mundo que constantemente intenta convertirte en otra cosa es el mayor logro*".

Ralph Waldo Emerson

El Espectro

DE SÍ MISMO

Crea un tablero de visión de lo que significa para ti "El espectro del yo". Puede ser digital o físico, lleno de imágenes, citas o símbolos que resuenan con su identidad.

1

2

3

4

5

Escribe 5 afirmaciones que resuenan con tu identidad LGBTQ+. Por ejemplo, "Soy válido en mis sentimientos y en mi identidad". o "Mi amor es hermoso y digno".

Carta a tu yo más joven

Si pudieras enviar un mensaje a una versión más joven de ti mismo, ¿qué le dirías? Ofrezca palabras de consejo, aliento y amor.

EL *Gratitud* FRASCO

Diariamente o semanalmente, anota las cosas por las que estás agradecido y que se relacionen con tu trayectoria LGBTQ.

Esperanzas futuras

Describe dónde te ves dentro de 5 años. ¿Cómo ha evolucionado tu relación con tu identidad?

Descubrir y aceptar la identidad

DESCUBRIR Y ACEPTAR LA IDENTIDAD

El viaje personal de cualquier individuo LGBTQ+ está lleno de un tapiz de emociones, revelaciones y momentos transformadores. Al registrar estas experiencias, no sólo creas un testimonio de tu crecimiento, sino también una herramienta de reflexión para comprenderte mejor a ti mismo. Las siguientes indicaciones están diseñadas para ayudarle a navegar esos momentos cruciales de su viaje.

Momento de realización

Describe la primera vez que reconociste o cuestionaste algo sobre tu género o identidad sexual. ¿Cuáles fueron los sentimientos, pensamientos o eventos que rodearon este momento?

La fase de aceptación

Reflexiona sobre el período en el que empezaste a aceptar tu identidad LGBTQ+. ¿Hubo desafíos particulares o momentos esclarecedores que ayudaron a moldear su aceptación?

Crónicas que salen del armario

Documente su viaje de salida del armario. ¿Tuviste un momento significativo de "salir del armario" o hubo varios? ¿A quién le hablaste primero? ¿Cuáles fueron las reacciones, tanto positivas como negativas?

Soporte de sistemas

Escribe sobre las personas o comunidades que te apoyaron durante tu viaje. ¿Cómo te ayudaron a recorrer tu camino?

Obstáculos superados

Detalle cualquier obstáculo o desafío que haya enfrentado relacionado con su identidad LGBTQ+ y cómo logró o está logrando superarlos.

Creación de línea de tiempo

Dibuja una línea de tiempo de tu viaje personal desde tu realización hasta ahora. Marque eventos, sentimientos o encuentros significativos.

Panel de Estado de Ánimo de las Emociones

Crea un panel de estado de ánimo que represente la variedad de emociones que sentiste durante tu viaje. Utilice colores, imágenes, símbolos y palabras.

Diálogo con la duda

Escribe un diálogo entre tu yo actual y cualquier duda o miedo que hayas tenido o que aún tengas. Permita que su yo actual brinde consuelo y claridad a esas preocupaciones.

Momentos de empoderamiento

Documente los casos en los que se sintió empoderado y orgulloso de quién es. Pueden ser grandes eventos o simples momentos cotidianos.

Lecciones aprendidas

¿Cuáles son las lecciones clave que su viaje le ha enseñado hasta ahora?

DESAFÍOS Y TRIUNFOS

Ser parte de la comunidad LGBTQ+ puede conllevar un conjunto único de desafíos. Desde las presiones sociales hasta las luchas internas, es un viaje de resiliencia. Pero es igualmente una historia de triunfos, grandes y pequeños. Aquí profundizamos en ambos: comprender los desafíos, pero más importante aún, celebrar las victorias.

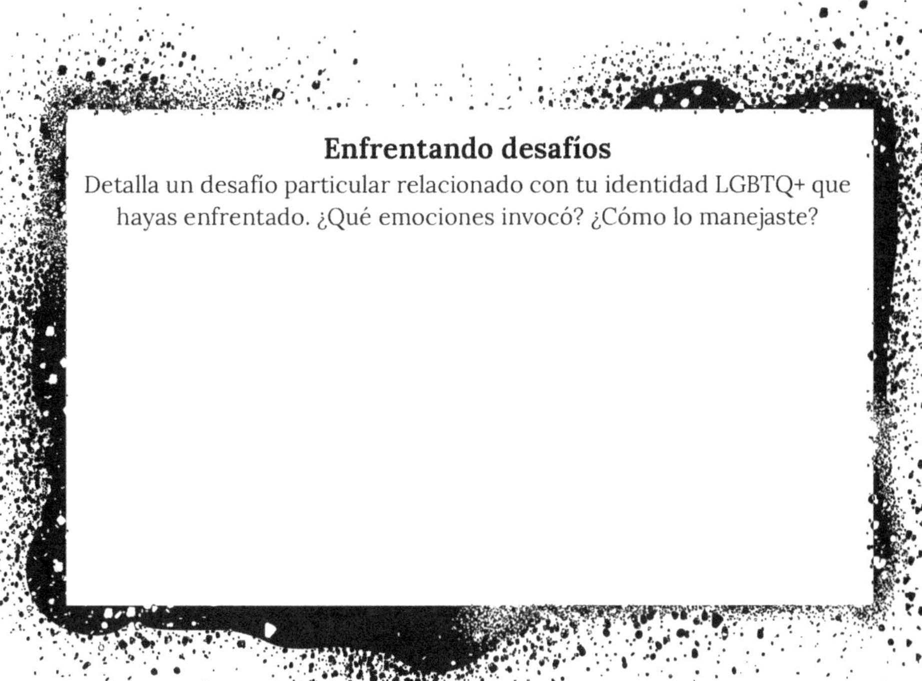

Momento de triunfo

Recuerde un momento en el que se sintió particularmente triunfante u orgulloso de su identidad. ¿Qué hizo que este momento fuera especial?

Aprendiendo de la adversidad

¿Cómo un desafío específico ha cambiado su perspectiva o punto de vista?

Definiendo el éxito
¿Cómo ve el triunfo para usted en términos de su viaje LGBTQ+?

"Se te permite ser al mismo tiempo una obra maestra y un trabajo en progreso".

Sofía Bush

DESAFÍO

TRIUNFO

Crea un diagrama de flujo que describa un desafío que enfrentaste, los pasos que tomaste y cómo finalmente lo superaste (o planeaste superarlo).

Carta de apreciación

Escríbete una carta destacando todos los triunfos que has logrado. Guárdalo y léelo en momentos de duda.

Métricas de crecimiento

Mirando hacia atrás, ¿cómo mides tu crecimiento personal a partir de los desafíos enfrentados?

Consejos para el yo pasado

Si pudieras ofrecerle un consejo a tu yo más joven sobre un desafío específico, ¿cuál sería?

IDENTIDAD Y AUTOESTIMA

Tu identidad es el núcleo de quién eres. En un mundo que a veces puede cuestionar o desafiar esa identidad, es vital cultivar un fuerte sentido de autoestima. A través de estos ejercicios, nuestro objetivo es reforzar el amor y la aceptación que tienes hacia ti mismo.

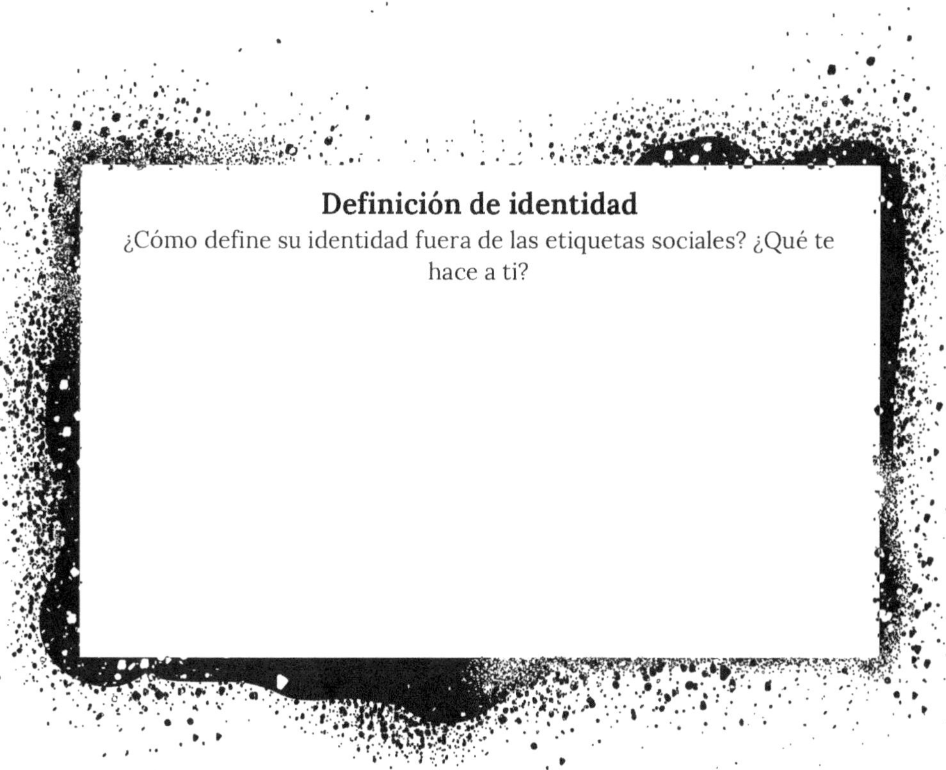

Momentos de duda

Reflexiona sobre momentos de duda relacionados con tu identidad. ¿Qué los desencadenó y cómo los superó o abordó?

Afirmaciones

Escribe cinco afirmaciones positivas relacionadas con tu identidad y autoestima.

Enumera momentos o aspectos de tu identidad que te hagan sentir particularmente orgulloso.

Dibuja un árbol donde las raíces representen tus cimientos, el tronco tus creencias fundamentales y las ramas varios aspectos de tu identidad.

Espejo

HABLAR

Dedica unos minutos cada día a hablarte positivamente frente a un espejo, reafirmando tu valor e identidad.

BLOQUES DE CONSTRUCCIÓN

- ♡ _______________________________
- ♡ _______________________________
- ♡ _______________________________
- ♡ _______________________________
- ♡ _______________________________
- ♡ _______________________________
- ♡ _______________________________
- ♡ _______________________________
- ♡ _______________________________
- ♡ _______________________________
- ♡ _______________________________
- ♡ _______________________________
- ♡ _______________________________
- ♡ _______________________________
- ♡ _______________________________

Reconozca y enumere las experiencias y creencias que han construido su sentido de autoestima a lo largo del

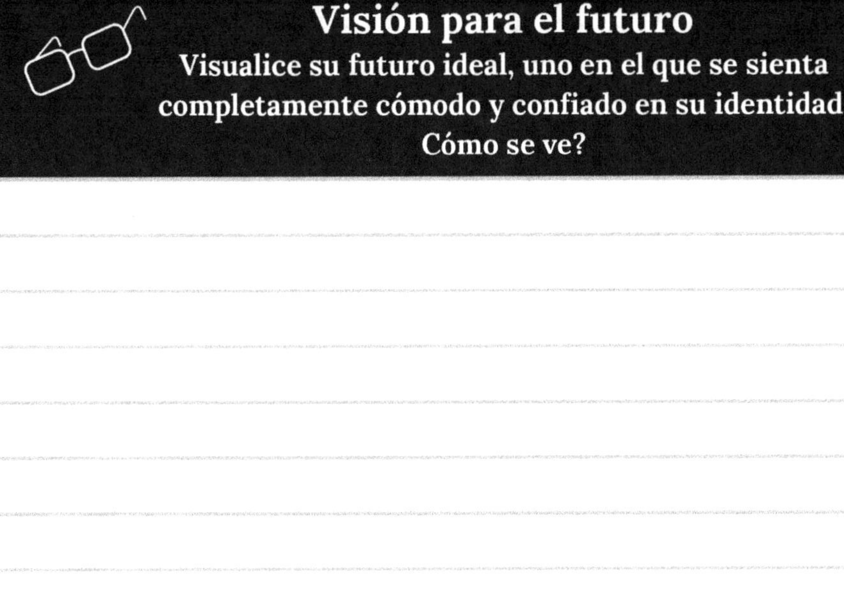

Visión para el futuro
Visualice su futuro ideal, uno en el que se sienta
completamente cómodo y confiado en su identidad.
Cómo se ve?

Recuerdos preciados

Reflexiona sobre un momento en el que te sentiste realmente cómodo y amado en tu propia piel. ¿Qué contribuyó a ese sentimiento?

Superar la duda

Recuerde una ocasión en la que sintió dudas o inseguridad sobre su identidad. ¿Qué te ayudó a navegar a través de esa incertidumbre?

Espejo de gratitud

Párate frente a un espejo y expresa gratitud por diferentes partes de ti mismo, tanto físicas como intangibles. Este ejercicio simple pero poderoso puede aumentar significativamente la autoestima.

Collage de identidad

Crea un collage visual (ya sea digital o en papel) que represente varias facetas de tu identidad. Utilice imágenes, palabras, colores y cualquier otra cosa que le resuene. Colóquelo en algún lugar que pueda ver a diario.

Día del autocuidado

Dedica un día únicamente para ti. Participa en actividades que te hagan sentir mimado, amado y apreciado. Podría ser un día de spa, leer un libro, dar un paseo por la naturaleza o incluso simplemente disfrutar de tu comida favorita.

Carta a mi yo futuro

Escribe una carta a tu yo futuro, destacando todas las cosas que te gustan de quién eres ahora y la persona que esperas convertirte. Guárdalo y léelo dentro de un año.

Con precaución, pida a sus familiares o amigos cercanos que lo describan en cinco palabras. Reflexiona sobre estas palabras y cómo te hacen sentir contigo mismo. Recuerde, esto es sólo un punto de vista externo y no define su totalidad.

Arquetipos y representación

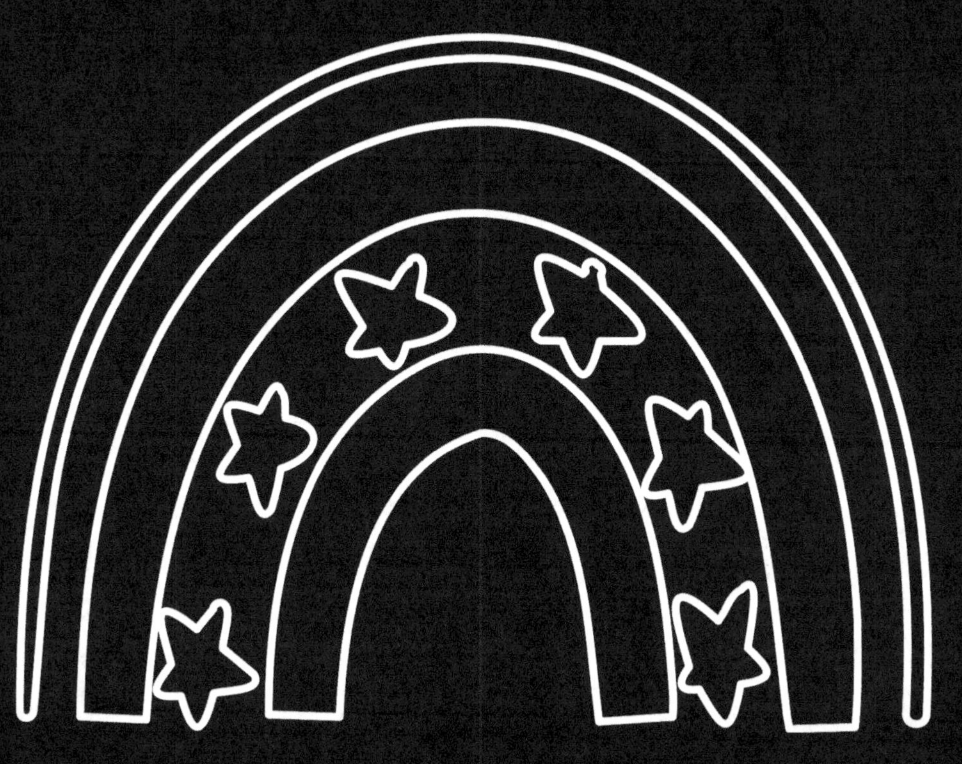

IDENTIFICANDO ARQUETIPOS LGBTQ+

A medida que avanzamos por la vida, a menudo nos encontramos gravitando hacia roles o arquetipos específicos que resuenan con nuestras experiencias, aspiraciones e identidades. Para la comunidad LGBTQ+, estos arquetipos no son solo roles, sino representaciones de la fuerza, la resiliencia, la diversidad y el espíritu que ha allanado el camino durante generaciones. Esta sección te invita a explorar y reflexionar sobre algunos arquetipos específicos LGBTQ+, reconociendo su importancia y entendiendo cómo podrían relacionarse con tu propia vida.

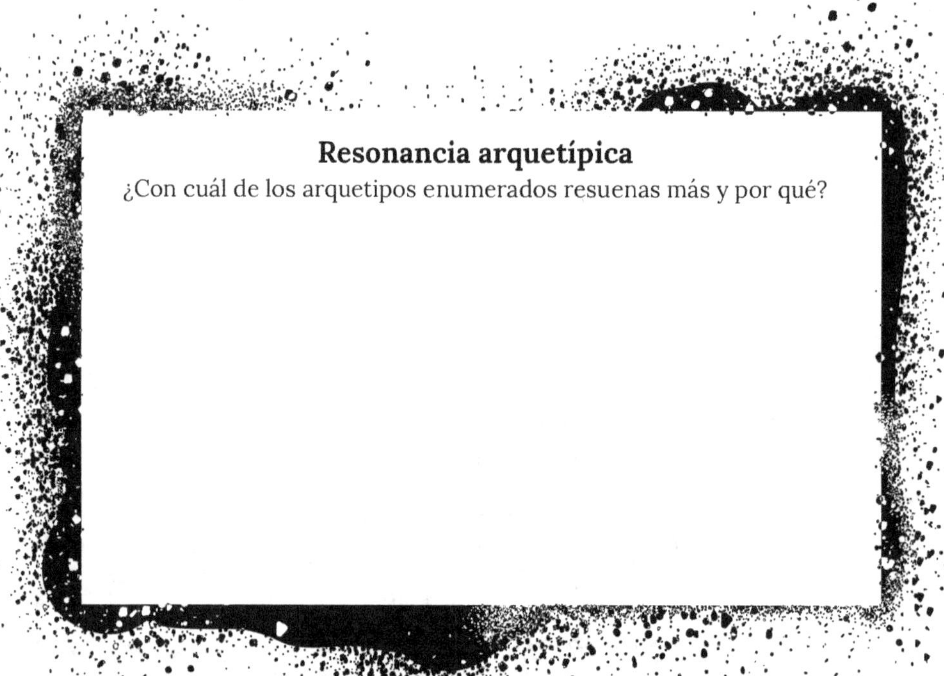

Resonancia arquetípica

¿Con cuál de los arquetipos enumerados resuenas más y por qué?

Historias personales

Comparte una historia o un recuerdo en el que sentiste que encarnabas uno de estos arquetipos.

Aspiraciones futuras

¿En qué arquetipo aspiras a convertirte y qué pasos puedes dar para abrazar sus cualidades?

Figuras inspiradoras

¿A quién admiras en la comunidad LGBTQ+ que represente uno de estos arquetipos? ¿Por qué?

"Se necesita coraje para crecer y convertirse en quien realmente eres".

EE Cummings

Para cada arquetipo, cree un panel de estado de ánimo (usando imágenes, citas, colores, etc.) que crea que representa mejor su esencia.

Para cada arquetipo, cree un panel de estado de ánimo (usando imágenes, citas, colores, etc.) que crea que representa mejor su esencia.

Para cada arquetipo, cree un panel de estado de ánimo (usando imágenes, citas, colores, etc.) que crea que representa mejor su esencia.

Tabla de crecimiento arquetípico

Dibuja un cuadro o gráfico que represente cómo tu alineación con estos arquetipos ha cambiado con el tiempo. Para cada arquetipo, busque o elabore una cita que capture su esencia. Reflexiona sobre estas citas siempre que necesites motivación.

Dibuja un cuadro o gráfico que represente cómo tu alineación con estos arquetipos ha cambiado con el tiempo. Para cada arquetipo, busque o elabore una cita que capture su esencia. Reflexiona sobre estas citas siempre que necesites motivación.

FORTALEZAS Y SOMBRAS

La dualidad de nuestra experiencia humana significa que con las fortalezas a menudo vienen sombras: áreas de posibles obstáculos o desafíos que pueden surgir de las mismas cualidades que nos dan poder. Aceptar un arquetipo no se trata sólo de aprovechar sus fortalezas sino también de comprender y navegar sus sombras. Esta sección está dedicada a la introspección sobre ambos aspectos, con el objetivo de lograr una autoconciencia y un equilibrio más profundos.

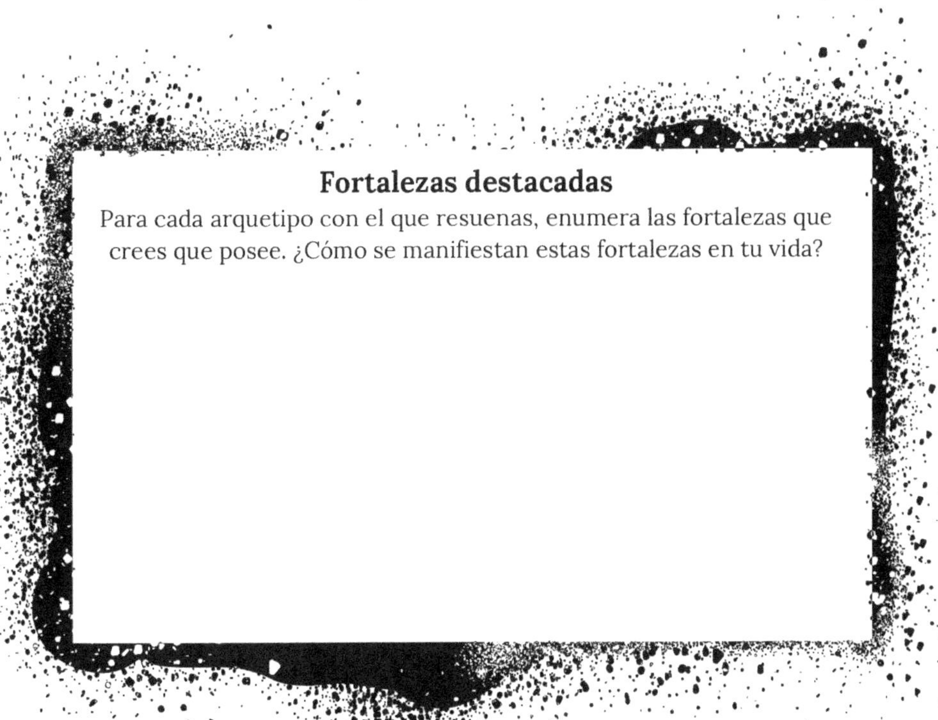

Fortalezas destacadas

Para cada arquetipo con el que resuenas, enumera las fortalezas que crees que posee. ¿Cómo se manifiestan estas fortalezas en tu vida?

Sombras reveladas

Profundice en los posibles desafíos o dificultades asociados con cada arquetipo. ¿Has experimentado estas sombras? ¿Cómo los manejaste?

Acto de equilibrio

Reflexiona sobre momentos en los que sentiste un conflicto entre las fortalezas y las sombras de un arquetipo. ¿Cómo navegaste por este equilibrio?

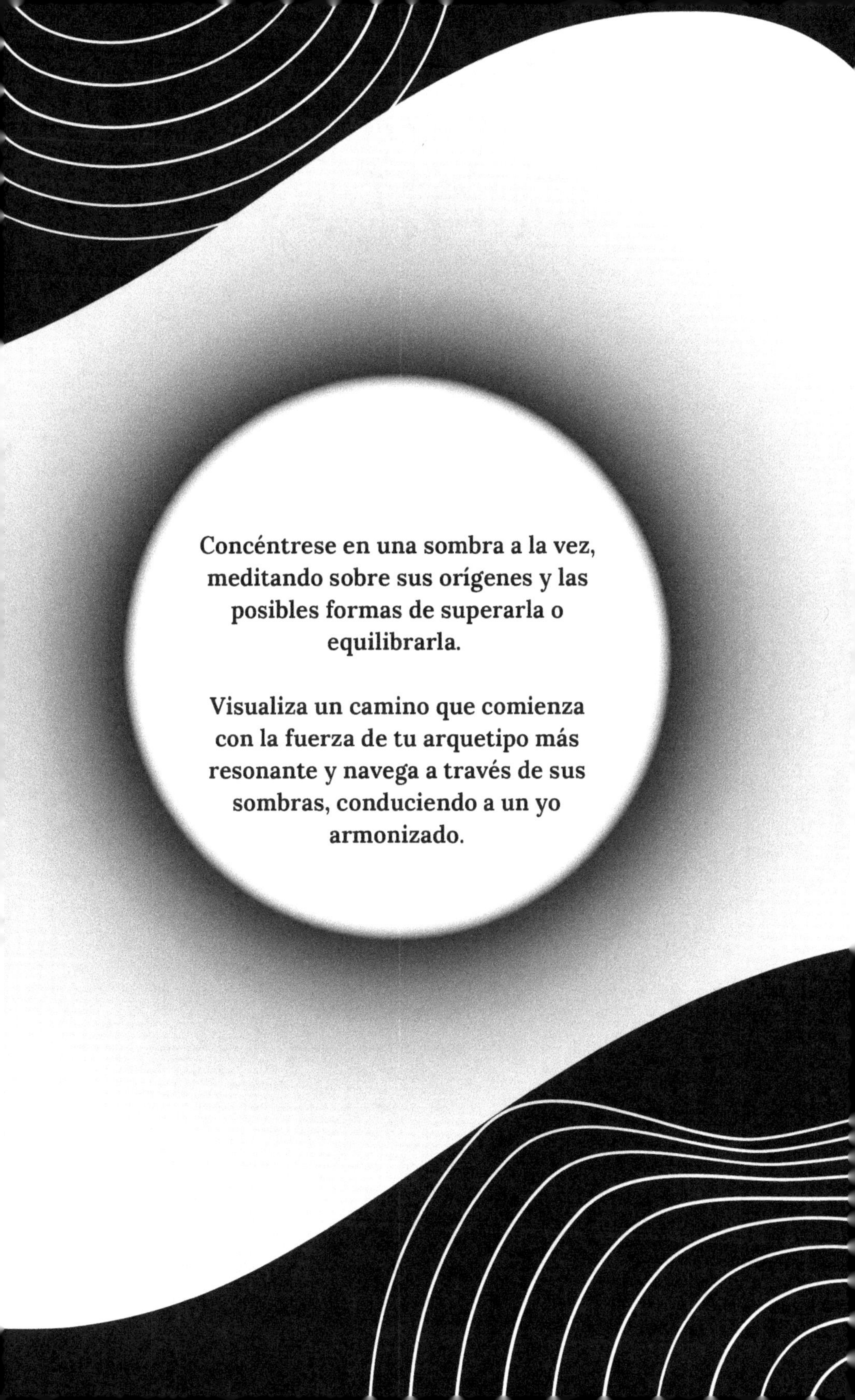

Concéntrese en una sombra a la vez, meditando sobre sus orígenes y las posibles formas de superarla o equilibrarla.

Visualiza un camino que comienza con la fuerza de tu arquetipo más resonante y navega a través de sus sombras, conduciendo a un yo armonizado.

Creación de afirmaciones

Escribe afirmaciones basadas en las fortalezas de los arquetipos elegidos. Elige uno cada día y reflexiona sobre ello.

DIARIO DE FORTALEZAS Y SOMBRAS

Dedica algunas páginas a cada arquetipo, anotando los casos diarios en los que exhibiste sus fortalezas o encontraste sus sombras.

Profundizar en las fortalezas y las sombras ofrece una comprensión holística de cada arquetipo y, por extensión, de nosotros mismos. Esta reflexión ayuda a aprovechar todo el potencial de cada arquetipo, permitiéndonos crecer y evolucionar en nuestros viajes únicos. Recuerde, no hay que temer a las sombras, sino comprenderlas e integrarlas.

ÍCONOS E INSPIRACIONES

A lo largo de la historia y en la época contemporánea, la comunidad LGBTQ+ ha contado con numerosos íconos que han hecho contribuciones significativas a la sociedad, lucharon por los derechos e inspiraron a innumerables personas simplemente siendo ellos mismos. Esta sección está dedicada a reconocer, celebrar e inspirarse en estas figuras. Al reflexionar sobre sus viajes, luchas y triunfos, podemos encontrar fuerza, guía y comprensión en nuestros propios caminos.

Pioneros y pilares

Enumere las figuras LGBTQ+ que le hayan dejado una impresión duradera. ¿Por qué resuenan contigo?

Momentos de impacto

Recuerda una cita, un discurso, una actuación o cualquier momento significativo de un ícono LGBTQ+ que te haya conmovido profundamente. ¿Qué pasa con ese momento que fue tan impactante?

Caminos paralelos

Identifique cualquier experiencia o sentimiento compartido entre su viaje y el de una figura LGBTQ+ que admire. ¿Cómo te hacen sentir estos paralelos?

Escribe una carta a un ícono LGBTQ+ (pasado o presente) expresando tu gratitud por su influencia e impacto en tu vida.

Crea un tablero visual con imágenes, citas y artefactos relacionados con figuras LGBTQ+ que te inspiran.

Iconos y mi círculo interior

Reflexiona sobre los paralelismos entre las fortalezas y virtudes de tus inspiraciones LGBTQ+ y las de tu vida personal. ¿Quién en tu vida refleja las cualidades de estos íconos?

Conectarnos con las historias de estos íconos puede encender nuestras pasiones, guiar nuestras decisiones y ofrecer consuelo en tiempos difíciles. A medida que trazamos nuestros propios caminos, saber que caminamos siguiendo las huellas de gigantes puede ser una fuente de inmensa fuerza y motivación. Sus vidas nos recuerdan que cada individuo, sin importar su origen o identidad, tiene el potencial de generar un impacto duradero.

Relaciones, Proyección e Intimidad

NAVEGANDO RELACIONES

La experiencia LGBTQ+ a menudo se cruza con las complejidades de diversas relaciones. Desde los estrechos vínculos con amigos y aliados que los aceptan, hasta las aguas a veces tumultuosas con la familia, o las alegrías y angustias de las conexiones románticas, cada relación trae su propio conjunto de lecciones y conocimientos. En esta sección, exploraremos, reflexionaremos y comprenderemos los matices de estas relaciones, fomentando el crecimiento y conexiones más profundas a lo largo del camino.

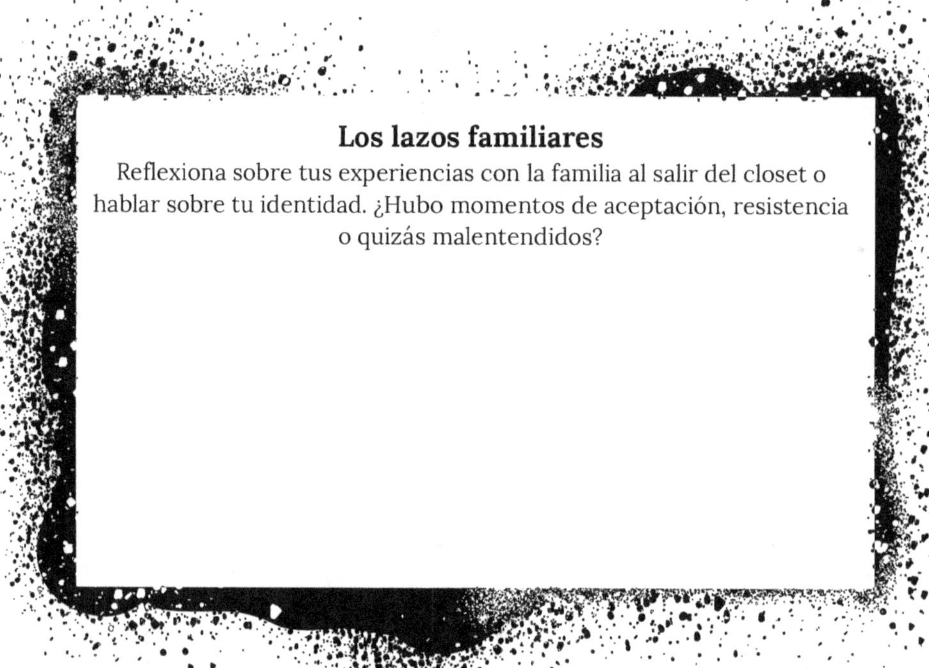

Los lazos familiares

Reflexiona sobre tus experiencias con la familia al salir del closet o hablar sobre tu identidad. ¿Hubo momentos de aceptación, resistencia o quizás malentendidos?

Amistades y aliados

Describe un momento en el que un amigo o aliado te apoyó, te ofreció apoyo o incluso te defendió. ¿Cómo te hizo sentir eso?

Realizaciones románticas

Comparta una historia de una relación o encuentro romántico. ¿Qué aprendiste sobre ti mismo, tus deseos y tus límites?

Dinámica cambiante
¿Cómo han evolucionado las relaciones a medida que te has adentrado más en tu identidad? ¿Hay conexiones que has tenido que dejar de lado o otras nuevas que has cultivado?

"Amarse a uno mismo es el comienzo de un romance para toda la vida".

Oscar Wilde

Crea un mapa visual de las relaciones importantes en tu vida. Utilice símbolos o colores para indicar niveles de apoyo, desafío y crecimiento en cada relación.

Cartas no enviadas

Escribe una carta a alguien con quien hayas tenido una relación difícil. Expresa tus sentimientos, preocupaciones y esperanzas. (No es necesario enviarlo, pero es una herramienta de reflexión).

EL *Afirmación* FRASCO

Durante una semana, escriba en hojas de papel afirmaciones positivas o lecciones aprendidas de diferentes relaciones. Colócalos en un frasco. Siempre que necesites un impulso, sácalo.

Elabore un tablero de visión para el tipo de relaciones que desea cultivar en el futuro. Utilice imágenes, citas y símbolos que resuenen con sus metas y deseos.

FRENTE A LAS PROYECCIONES EXTERNAS

Para las personas LGBTQ+, el mundo a veces puede parecer un escenario donde los estereotipos, los prejuicios y las proyecciones externas son el centro de atención. Estas proyecciones pueden moldear las percepciones, influir en las interacciones y, en ocasiones, desafiar la autoestima personal. En esta sección, el objetivo es reconocer estas fuerzas externas, procesar los sentimientos que provocan y reclamar la propia narrativa.

Estereotipos proyectados

Recuerde un momento en el que alguien hizo una suposición sobre usted basándose en un estereotipo LGBTQ+. ¿Cómo te sentiste y cómo manejaste la situación?

Influencia de los medios

Piensa en una representación LGBTQ+ en los medios (TV, películas, literatura) que te parezca genuina. Por el contrario, piense en uno que parezca un mero estereotipo. ¿Cómo afectó cada uno su percepción de sí mismo?

Navegando espacios

Describe un caso en el que sentiste el peso de las proyecciones externas en un entorno público (por ejemplo, lugar de trabajo, escuela, transporte público). ¿Cómo navegaste por él?

Conversaciones transformadoras

Comparte una experiencia en la que corrigiste la percepción o proyección errónea de alguien sobre tu identidad. ¿Cuál fue el resultado?

"*No vemos las cosas como son, las vemos como somos*".

Anais Nin

INCLINACIÓN   VERDAD

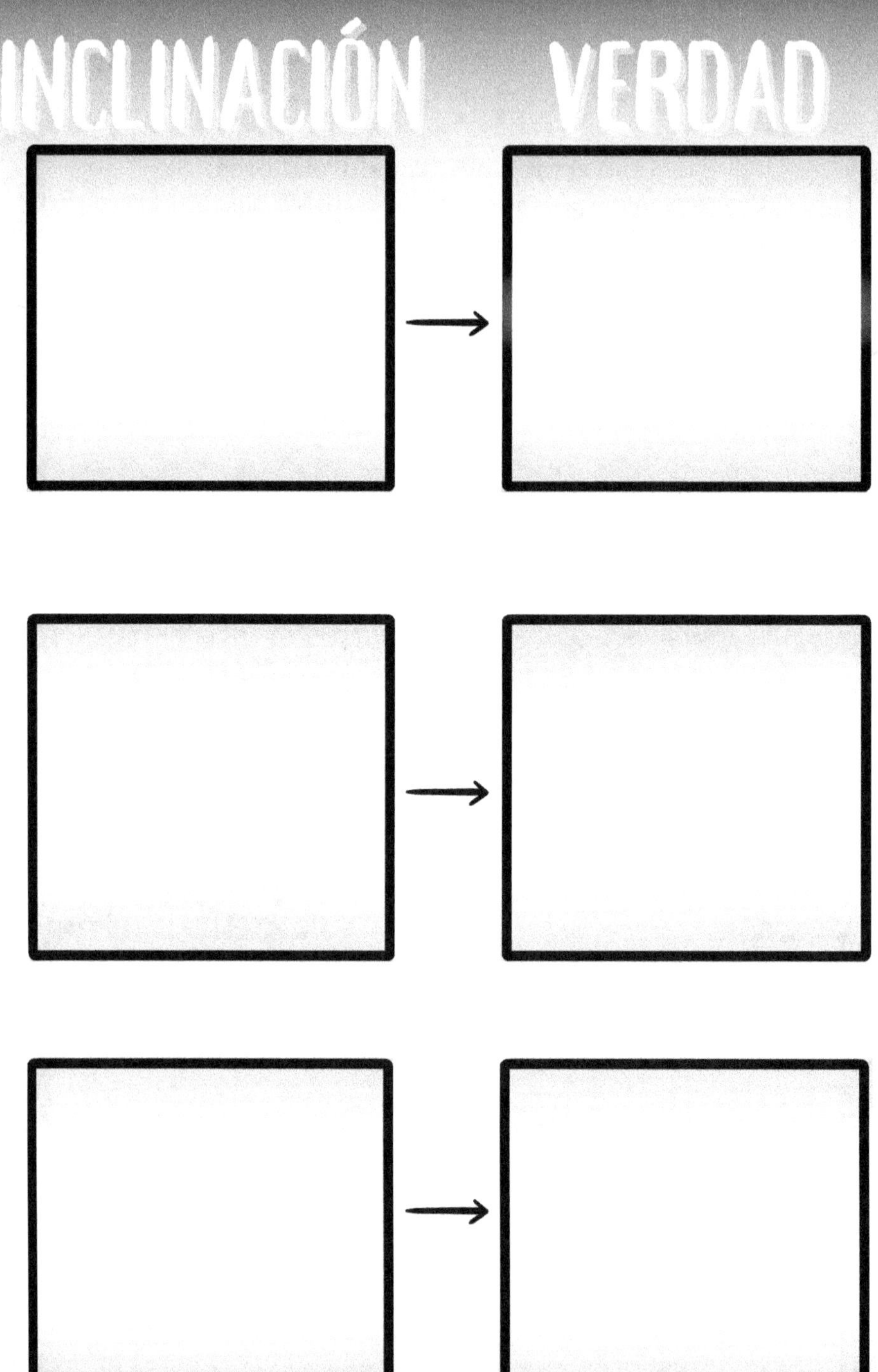

Enumere los prejuicios o estereotipos comunes que haya encontrado. Junto a cada uno, escribe una verdad sobre ti o una contranarrativa.

Crea una obra de arte, un poema o un cuento que confronte los prejuicios externos y reclame tu identidad.

Crecimiento a partir de proyecciones

Reflexiona sobre cómo afrontar las proyecciones externas ha contribuido a tu crecimiento personal o ha remodelado tu comprensión de ti mismo.

Visión para el cambio

Imaginemos un mundo sin estos prejuicios externos. ¿Cómo es y cómo puedes contribuir a crearlo?

Enfrentar las proyecciones externas puede ser un desafío, pero también ofrece una oportunidad de crecimiento, resiliencia y autoafirmación. Al enfrentar estos prejuicios y recuperar la propia narrativa, uno puede construir un sentido de sí mismo más fuerte y contribuir a un mundo más inclusivo.

SENTIMIENTOS INTERIORIZADOS

El viaje de una persona LGBTQ+ a menudo implica confrontar no sólo prejuicios y proyecciones externas, sino también sentimientos y creencias internalizados que surgen del condicionamiento social. Estos sentimientos, como la homofobia internalizada, la transfobia o los prejuicios contra la propia comunidad, pueden estar profundamente arraigados y ser difíciles de manejar. Esta sección tiene como objetivo proporcionar un espacio para reconocer, explorar y procesar estos sentimientos en la búsqueda de la autoaceptación y el crecimiento.

Raíces de la internalización

Reflexiona sobre la primera vez que notaste un sentimiento o creencia negativa sobre tu propia identidad. ¿Dónde crees que se originó? ¿Fue de la familia, de los compañeros, de los medios o de algún otro lugar?

Conflicto y crecimiento

Describe un momento en el que tus sentimientos internalizados entraron en conflicto con tu verdadero yo o tus sentimientos. ¿Cómo navegó este conflicto interno?

Charla con uno mismo

Presta atención a tu diálogo interior. ¿Hay momentos en los que te sorprendes pensando negativamente sobre tu propia identidad? Documentarlos y reflexionar sobre sus orígenes.

Conversaciones curativas

Comparta un momento en el que hablar sobre estos sentimientos interiorizados con otra persona le haya aportado claridad o alivio.

"Todo lo que nos irrita de los demás puede llevarnos a comprendernos a nosotros mismos".

Carl Jung

Carta a uno mismo

Escribe una carta compasiva a tu yo más joven, abordando estos sentimientos interiorizados. Ofrezca palabras de tranquilidad, sabiduría y esperanza.

CREENCIA NEGATIVA

AFIRMACIÓN POSITIVA

Enumere las creencias o sentimientos negativos que haya interiorizado. Para cada uno, intenta contrarrestarlo con una afirmación positiva o una verdad sobre ti mismo.

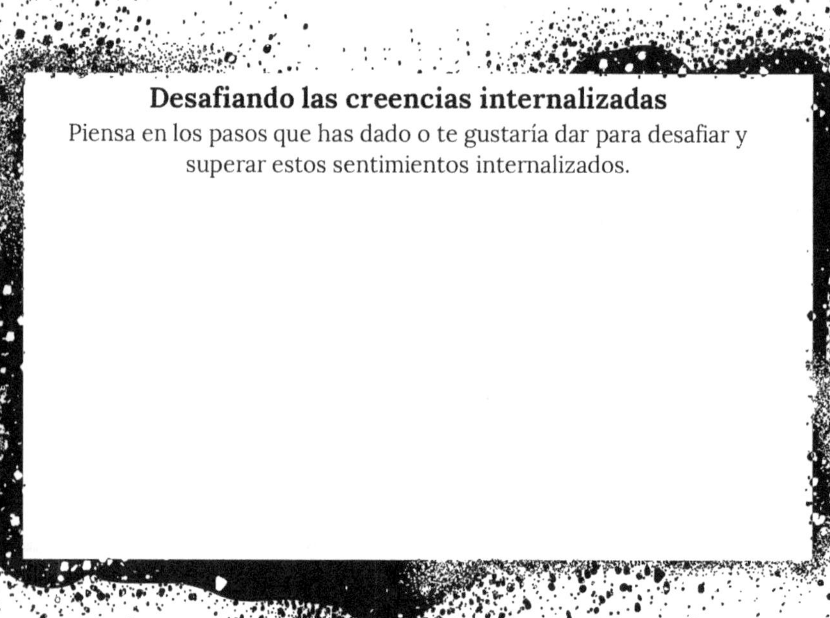

Desafiando las creencias internalizadas

Piensa en los pasos que has dado o te gustaría dar para desafiar y superar estos sentimientos internalizados.

Abrazando el viaje

Reflexiona sobre cómo abordar estas luchas internas te ha hecho más fuerte o ha cambiado tu perspectiva sobre el amor propio y la aceptación.

Comprender y abordar los sentimientos internalizados es crucial para el crecimiento personal y la autoaceptación. Al enfrentar estos sentimientos de frente, las personas LGBTQ+ pueden avanzar hacia un lugar de mayor amor propio, compasión y comprensión. Es un viaje y cada paso adelante es un testimonio de resiliencia y fortaleza.

Sueños y autorrealización

SUEÑOS Y AUTORREALIZACIÓN

Los sueños son el lenguaje de nuestro inconsciente, un puente entre nuestra realidad de vigilia y las vastas profundidades de nuestros pensamientos, miedos, deseos y recuerdos más internos. Para los miembros de la comunidad LGBTQ+, los sueños pueden proporcionar un espacio único para explorar la identidad, confrontar las normas sociales e imaginar un mundo libre de juicios externos. Esta sección está dedicada a anotar y reflexionar sobre los sueños que le llaman la atención, ya sean recurrentes, vívidamente impactantes o que parezcan misteriosamente significativos.

"Uno no sueña, uno es soñado. Sufrimos el sueño, somos los objetos de la acción onírica, y no el actor."

Carl Jung

Fecha:

Título o Breve Descripción

Detalles del sueño

Describe el sueño con tanto detalle como puedas recordar. Tenga en cuenta el entorno, los personajes, los objetos, los colores y las emociones que sintió durante el sueño.

Posibles desencadenantes

¿Hubo algún evento o experiencia del día anterior que pudiera haber influido en este sueño?

Elementos recurrentes

¿Hay elementos en este sueño que han aparecido en sueños anteriores? En caso afirmativo, anótelos.

Registro de sueños

Fecha:

Resonancia emocional

¿Cómo te hizo sentir el sueño al despertar? ¿Hubo alguna emoción particular que se destacó?

Símbolos y significado

¿Hay símbolos, temas o motivos en el sueño que se relacionen con su identidad o experiencias LGBTQ+? Reflexione sobre su significado potencial.

Deseos y miedos

¿El sueño reveló algún deseo o temor oculto? ¿Cómo se relacionan con tu vida de vigilia?

Mensajes del inconsciente

A veces los sueños transmiten mensajes o ideas de nuestra mente inconsciente. ¿Sientes que hay un mensaje en este sueño para ti?

Interpretaciones de los sueños

Los sueños a menudo pueden servir como reflejo de nuestros deseos, miedos, desafíos y triunfos más íntimos. Para la comunidad LGBTQ+, los sueños pueden abarcar temas que se relacionan directamente con la identidad, la aceptación, las opiniones sociales y el viaje personal. Las siguientes indicaciones guiadas tienen como objetivo ayudarle a navegar e interpretar sueños que resuenan con sus experiencias LGBTQ+.

Antes de sumergirse en la interpretación, cree un ambiente relajante. Siéntate cómodamente, respira profundamente y recuerda el sueño lo más vívidamente posible. Es fundamental abordar la interpretación de los sueños con la mente y el corazón abiertos.

Temas de aceptación

¿El sueño implicó sentimientos o situaciones de aceptación o rechazo? Considere los contextos. ¿Fueron de autoaceptación, sociales, familiares o en las relaciones?

Colores y emociones

¿Hubo algún color específico que se destacó en tu sueño? Los colores a menudo pueden representar emociones. Por ejemplo, los arcoíris pueden significar orgullo y aceptación, mientras que los grises pueden representar sentimientos de confusión o incertidumbre.

Personajes y relaciones

¿Quiénes fueron los personajes principales del sueño? ¿Fueron representaciones de sus relaciones de la vida real o figuras simbólicas? ¿Qué papeles desempeñaron en la narrativa del sueño?

Sentimientos encerrados

¿Hubo elementos de ocultamiento o de revelación en el sueño? Por ejemplo, esconderse en un lugar o confesarle a alguien. ¿Qué emociones evocaron estas situaciones?

Símbolos y significado

¿Hay símbolos, temas o motivos en el sueño que se relacionen con su identidad o experiencias LGBTQ+? Reflexione sobre su significado potencial.

Transiciones y Transformaciones

¿Tú u otros personajes sufrieron alguna transformación en el sueño? Esto podría ser un símbolo de crecimiento personal, transición o evolución de la propia identidad.

Conflicto y resolución

¿Hubo conflictos en el sueño? ¿Cómo se resolvieron? Esto podría indicar tensiones internas o desafíos externos que enfrenta o ha enfrentado.

Símbolos de liberación

¿Hubo momentos o símbolos de libertad, huida o liberación? ¿Cómo te hicieron sentir?

Entornos contextuales

Considere el escenario del sueño. ¿Era un lugar familiar, un entorno pasado o un lugar completamente desconocido? Los entornos pueden reflejar estados mentales y emocionales actuales o experiencias pasadas.

Mensajes o lecciones

¿Se dieron mensajes, lecciones o consejos claros en el sueño? ¿Quién los proporcionó y cómo se relacionaron con su trayectoria LGBTQ+?

Recuerde, la interpretación de los sueños es subjetiva. Si bien estas indicaciones brindan una dirección, sus sentimientos, intuición y experiencias personales juegan un papel crucial en la comprensión del significado del sueño. Abrace el viaje de autoexploración y conocimiento que los sueños pueden ofrecer.

DESEOS Y ESPERANZAS

Dentro de cada individuo hay un tapiz de sueños, aspiraciones y esperanzas para el futuro. Para los miembros de la comunidad LGBTQ+, estos deseos a menudo se cruzan con sus experiencias, desafíos y triunfos únicos. Esta sección proporciona ejercicios guiados para ayudarle a reflexionar sobre sus aspiraciones, visualizar un futuro repleto de posibilidades y establecer un camino hacia el logro de sus sueños.

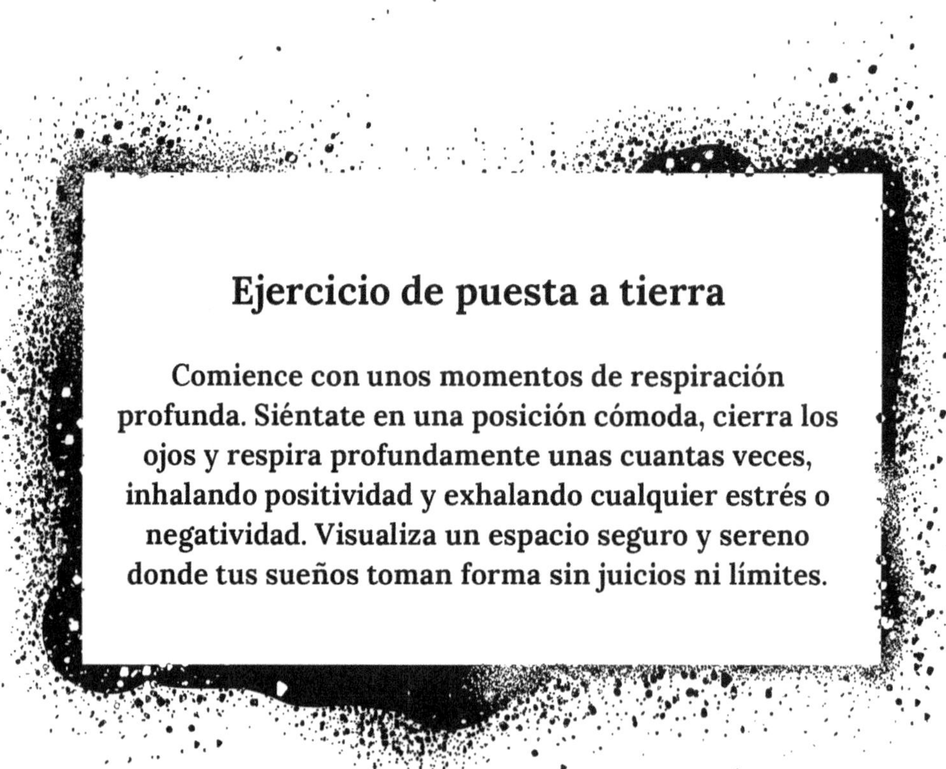

Hitos personales

¿Cuáles son algunos de los hitos importantes que desea lograr en el próximo año, cinco años y diez años? Considere áreas como el crecimiento personal, las relaciones, la carrera y la defensa dentro de la comunidad LGBTQ+.

Visualizando logros

Imagina un día en tu futuro ideal. ¿Dónde estás? ¿Con quién estás? ¿Qué estás haciendo? ¿Cómo se siente?

Barreras y superarlas

Piense en cualquier obstáculo o barrera que perciba que pueda interponerse en el camino de sus aspiraciones. ¿Cómo puedes abordarlos o superarlos? Recuerde, está bien buscar apoyo u orientación si es necesario.

Modelos a seguir e inspiración

Considere figuras o aliados LGBTQ+ que lo inspiren. ¿Qué cualidades o logros resuenan contigo? ¿Cómo puedes incorporar parte de su sabiduría o experiencias en tu viaje?

Crecimiento personal

Reflexiona sobre áreas de crecimiento personal en las que te gustaría centrarte. ¿Hay habilidades, cualidades o áreas de conocimiento particulares que le gustaría desarrollar?

Afirmaciones para el futuro

Escriba afirmaciones positivas que resuenen con sus deseos y esperanzas. Repítelos diariamente para fomentar una mentalidad positiva y esperanzadora.

Construyendo conexiones

A medida que avanza, considere los tipos de conexiones o comunidades que desea construir o fortalecer. ¿Cómo pueden apoyar su viaje y sus deseos?

Legado e impacto

Reflexiona sobre el legado o impacto que deseas dejar, especialmente dentro de la comunidad LGBTQ+. ¿Cómo se imagina contribuyendo al cambio positivo, el apoyo y la promoción?

Revisar esta sección periódicamente puede proporcionar claridad, inspirar motivación y garantizar la alineación con sus aspiraciones en evolución. Celebre cada pequeño logro, sea auténtico en su viaje y recuerde que sus deseos y esperanzas son válidos y alcanzables.

Interacciones sociales y autodefensa

FRENTE AL MUNDO

Vivir auténticamente en un mundo que no siempre comprende o acepta las identidades LGBTQ+ puede presentar su propio conjunto de desafíos y emociones. La interacción con la sociedad, ya sea en interacciones cotidianas o en contextos más amplios, puede provocar una variedad de sentimientos que van desde el orgullo y el empoderamiento hasta la vulnerabilidad y la aprensión. Esta sección proporciona un espacio seguro para reflexionar sobre esas experiencias, validar sus sentimientos y encontrar fuerza en su viaje único.

Ejercicio de puesta a tierra

Antes de sumergirse en las indicaciones, busque un lugar cómodo para sentarse. Cierra los ojos, respira profundamente unas cuantas veces y visualiza un escudo protector a tu alrededor, manteniendo a raya la negatividad y permitiendo que sólo el amor y la comprensión penetren.

Primeras impresiones

Reflexiona sobre los momentos en los que te presentaste o te presentaron en un entorno nuevo (un nuevo trabajo, una reunión social, etc.). ¿Cuáles fueron sus sentimientos o aprensiones, si las hubo?

Expresiones de autenticidad

¿Hay momentos o lugares específicos donde te sientes más libre para expresar tu verdadero yo? ¿Hay áreas en las que siente que debe ocultar o proteger aspectos de su identidad?

Momentos de orgullo

Haz una crónica de casos en los que sentiste un inmenso sentimiento de orgullo por tu identidad LGBTQ+, ya sea durante el mes del Orgullo, eventos de promoción o hitos personales.

Navegando por las microagresiones

¿Ha encontrado prejuicios sutiles o abiertos en las interacciones del día a día? ¿Cómo los manejaste y cómo te hicieron sentir?

Buscando espacios seguros

Reflexiona sobre los lugares o comunidades donde te sientes más aceptado y comprendido. ¿Qué hace que estos espacios se sientan seguros y afirmativos?

Educar y abogar

Piense en momentos en los que asumió el papel de educador o defensor, ya sea por elección o por necesidad. ¿Qué desafíos y recompensas trajo esto?

Es importante reconocer y validar sus sentimientos al navegar por el mundo en general. Si bien la sociedad continúa evolucionando, los desafíos persisten. Sin embargo, cada reflexión y experiencia compartida suma a la fuerza y resiliencia colectiva de la comunidad LGBTQ+. Revise estas indicaciones cada vez que necesite procesar, reflexionar o encontrar estímulo en su viaje.

MOMENTOS DE AUTODEFENSA

Defenderse a uno mismo y a los demás, especialmente dentro de las comunidades marginadas, es un poderoso acto de valentía, resiliencia y amor. Estos momentos de autodefensa no sólo crean ondas de cambio dentro de la sociedad sino que también solidifican el compromiso de uno con la autenticidad y la justicia. En esta sección, encontrará sugerencias diseñadas para ayudarle a reflexionar sobre aquellos casos en los que tomó una postura, dijo su verdad o apoyó a otros en su defensa.

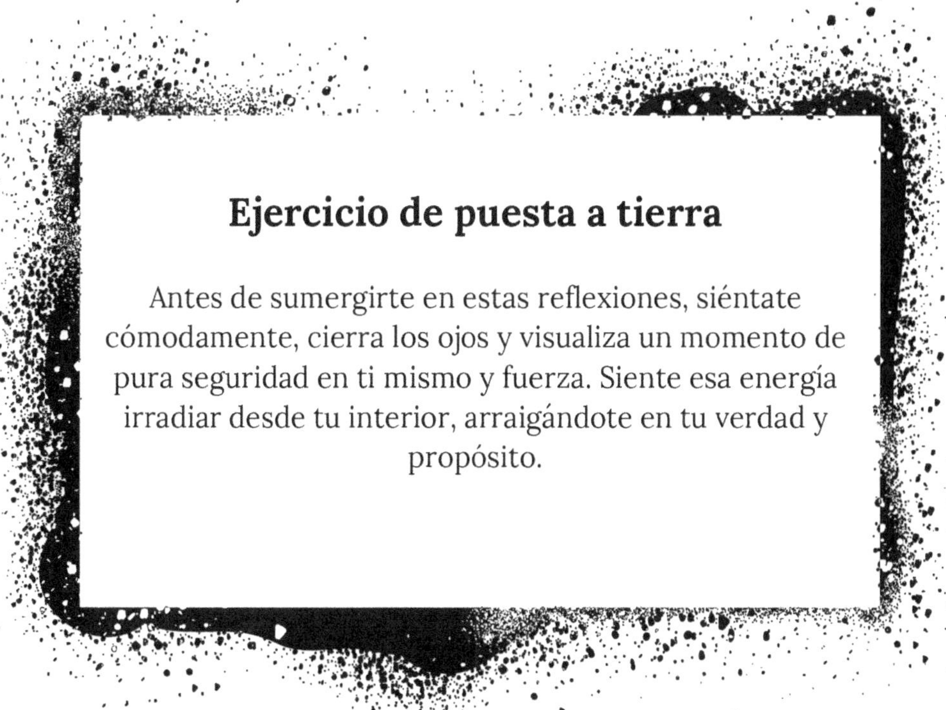

Ejercicio de puesta a tierra

Antes de sumergirte en estas reflexiones, siéntate cómodamente, cierra los ojos y visualiza un momento de pura seguridad en ti mismo y fuerza. Siente esa energía irradiar desde tu interior, arraigándote en tu verdad y propósito.

Momentos de claridad

Reflexione sobre un momento en el que se sintió obligado a hablar o defenderse a sí mismo o a otra persona. ¿Qué desencadenó esta necesidad de abogar?

Triunfos personales

Haz una crónica de una victoria personal, sin importar cuán grande o pequeña sea, en la que defendiste a ti mismo o a otra persona LGBTQ+. ¿Como se sintió?

Soporte de sistemas

Piense en los aliados o miembros de la comunidad que lo apoyaron durante los momentos de promoción. ¿Cómo te han apoyado o animado?

Superar los miedos

¿Hubo momentos en que el miedo o la duda intentaron impedirle hacer incidencia? ¿Cómo superaste esos sentimientos?

Aprendizaje continuo

Reflexione sobre los momentos en los que pudo haber cometido errores o aprendido algo nuevo mientras abogaba. ¿Cómo creciste a partir de esas experiencias?

Defensores inspiradores

¿Hay personas dentro de la comunidad LGBTQ+ que lo inspiren en su viaje de promoción? ¿Qué hay de ellos que te resuene?

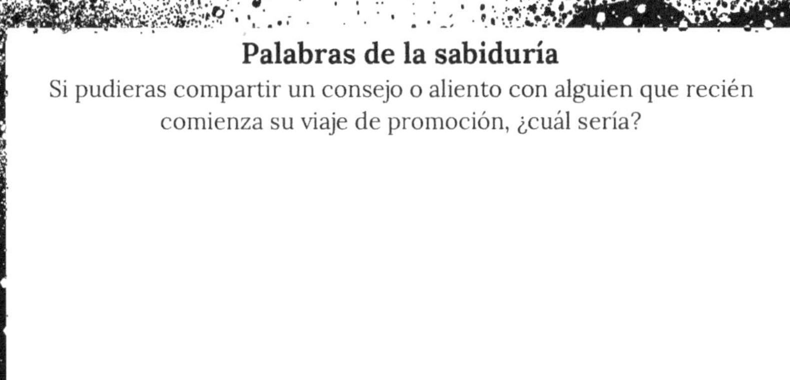

Palabras de la sabiduría

Si pudieras compartir un consejo o aliento con alguien que recién comienza su viaje de promoción, ¿cuál sería?

Visiones de futuro

Imagine una situación en la que le gustaría abogar por un cambio en el futuro. ¿Cómo sería y cómo lo abordarías?

Recuerde, cada acto de promoción, por pequeño que sea, contribuye a la lucha más amplia por la igualdad, la aceptación y la comprensión. Al reflexionar sobre su viaje, no sólo celebra su crecimiento personal, sino que también inspira y empodera a otros para que adopten una postura. Mantenga esta sección cerca de su corazón y vuelva a ella cada vez que necesite un recordatorio de su fortaleza y propósito.

CONSTRUYENDO ESPACIOS SEGUROS

Cada individuo merece un entorno en el que se sienta seguro, aceptado y libre para ser su yo auténtico. Los espacios seguros juegan un papel indispensable para fomentar el crecimiento personal, el bienestar y la comunidad. Como miembros de la comunidad LGBTQ+, crear o buscar estos santuarios puede ser especialmente fundamental. Esta sección le ofrece sugerencias para reflexionar sobre sus experiencias con espacios seguros, ya sea que los haya nutrido para usted o para otros.

Ejercicio de puesta a tierra

Antes de comenzar, busca un lugar tranquilo, respira profundamente unas cuantas veces y visualiza un lugar donde te sientas completamente seguro y en paz. Aférrate a esa imagen y deja que su calidez te envuelva.

Descubriendo refugios seguros

Piensa en la primera vez que encontraste un espacio seguro donde te sentiste genuinamente aceptado y comprendido. ¿Qué fue y cómo te impactó?

La esencia de la seguridad

¿Qué elementos o cualidades hacen que un lugar o entorno le resulte realmente seguro? Enumérelos.

Seguridad en la elaboración

Reflexione sobre los momentos en los que ha tomado medidas para crear un entorno seguro para usted o para los demás. ¿Cuáles fueron tus motivaciones y cómo surgieron?

Espacios seguros comunitarios

¿Ha sido parte de algún grupo, organización o reunión LGBTQ+ que se sintiera como santuarios? Describe tus experiencias y la importancia de estas comunidades.

Desafíos y barreras

¿Hubo momentos en los que buscó seguridad, pero se interpusieron barreras en el camino? ¿Cómo los navegaste o los superaste?

Apoyo en la Creación

Considere a las personas que han contribuido decisivamente a ayudarle a crear o mantener espacios seguros. ¿Cómo han contribuido y qué has aprendido de ellos?

Espacios en evolución

A medida que ha crecido y cambiado, ¿cómo han evolucionado sus necesidades o definiciones de un espacio seguro? ¿Qué buscas ahora?

Visiones para el futuro

Imagine un mundo donde los espacios seguros sean omnipresentes y todos se sientan libres de ser ellos mismos. ¿Cómo es eso y cómo puedes contribuir a hacerlo realidad?

Los espacios seguros son fundamentales para fomentar el bienestar mental, emocional y espiritual. Al reflexionar sobre su relación con dichos entornos, honra su valor y se empodera para continuar defendiéndolos para todos. Vuelva a visitar esta sección cada vez que necesite reconectarse con la esencia de la seguridad y la aceptación en su vida.

Atención plena y bienestar mental

EJERCICIOS DIARIOS DE ATENCIÓN PLENA

Mindfulness es el arte de permanecer presente y en sintonía con nuestras emociones, pensamientos y sensaciones en un momento dado. Para la comunidad LGBTQ+, la atención plena puede proporcionar una base, especialmente cuando se navega por diversas emociones y experiencias. Estos ejercicios están diseñados para garantizar el bienestar mental y ayudarlo a alinearse con su yo auténtico.

Posición

Siéntese cómodamente en un espacio tranquilo, con la columna recta y las manos apoyadas en su regazo.

Respirar

Inhale profundamente por la nariz mientras cuenta hasta cuatro.

Sostener

Haga una pausa y contenga la respiración mientras cuenta hasta cuatro.

Exhalar

Libere lentamente el aliento por la boca mientras cuenta hasta seis.

Reflejar

Haz este ciclo cinco veces. Con cada respiración, visualízate liberando cualquier ansiedad y aspirando energía positiva.

Pausa

Encuentra un momento de tranquilidad durante tu día.

Lista

Piensa en tres cosas por las que estás agradecido en relación con tu trayectoria LGBTQ+.

Reconocer

Reconozca el crecimiento y la comprensión que han surgido de estas experiencias.

"*Disfruta las pequeñas cosas, porque un día podrás mirar atrás y darte cuenta de que fueron las grandes cosas*".

Robert Brault

Cuando se sienta abrumado:

Ver

Mira a tu alrededor y nombra cinco cosas que puedas ver.

Tocar

Reconoce cuatro elementos que puedas tocar o sentir.

Escuchar

Escuche atentamente e identifique tres sonidos.

Oler

Reconoce dos olores a tu alrededor.

Gusto

Reconozca un gusto, tal vez tomando un sorbo de agua o un refrigerio.

CONTROLES EMOCIONALES

Los controles emocionales sirven como puntos de contacto, lo que le permite evaluar y comprender su estado emocional en diferentes momentos. Esta práctica fomenta el autoconocimiento, la validación de sentimientos y el reconocimiento de patrones.

Sintonizar regularmente tus emociones ayuda a comprenderte mejor a ti mismo, tomar decisiones informadas y fomentar una conexión profunda con tu yo interior. Con el tiempo, estos controles emocionales pueden servir como guía, ayudándolo a navegar a través de los desafíos y alegrías de la vida con resiliencia y autenticidad.

REGISTRO EMOCIONAL
DIARIO

Estado emocional actual
Describe en una palabra.

Sensaciones físicas
¿Alguna tensión, relajación o sensaciones peculiares en el cuerpo?

Pensamientos que lo acompañan
¿Qué tienes en mente que podría estar influyendo en esta emoción?

Posible desencadenante
¿Hubo algún evento, comentario, interacción o recuerdo que despertó esta emoción?

Necesidades y deseos
¿Qué necesitas o quieres ahora mismo para apoyar esta emoción o cambiarla?

Afirmación
Escribe una afirmación positiva para ti. (por ejemplo, "Soy válido en mis sentimientos").

REFLEXIÓN EMOCIONAL SEMANAL

Emoción más recurrente

¿Qué emoción apareció más esta semana?

Momento emocional de mayor orgullo

¿Cuándo se sintió particularmente orgulloso o satisfecho con la forma en que manejó una situación emocional?

Momento emocional desafiante

¿Qué situación fue emocionalmente desafiante?

Acciones de autocuidado

Enumera 3 cosas que hiciste esta semana para cuidar tu bienestar emocional.

Intenciones para la próxima semana

Establezca 1 o 2 intenciones de salud emocional o mental para la próxima semana.

> *"Hasta que hagas consciente el inconsciente, éste dirigirá tu vida y lo llamarás destino".*
>
> Carl Jung

RESUMEN EMOCIONAL MENSUAL

Alto emocional
¿Qué día o evento fue un punto culminante emocionalmente hablando y por qué?

Baja emocional
¿Qué día o evento fue un desafío y qué aprendiste de ello?

Sistema de apoyo
¿Quién te apoyó emocionalmente este mes y cómo?

Gratitud
Enumere 3 momentos de crecimiento emocional o personal por los que esté agradecido este mes.

Mirando hacia el futuro
Una meta o intención para tu bienestar emocional para el próximo mes.

"La emoción es la fuente principal de todo devenir consciente. No puede haber transformación de la oscuridad en luz y de la apatía en movimiento sin emoción."

Carl Jung

ENCONTRAR EL EQUILIBRIO

Como personas LGBTQ+, existe un viaje único al integrar la propia identidad con varios roles de la vida, ya sea como miembro de la familia, profesional, amigo o miembro de la comunidad. Si bien tu identidad LGBTQ+ es una parte significativa e intrínseca de quién eres, es esencial encontrar un equilibrio donde no eclipse ni minimice otras facetas de tu vida. Esta sección ofrece ejercicios de reflexión para ayudarle a navegar y armonizar estos aspectos entrelazados.

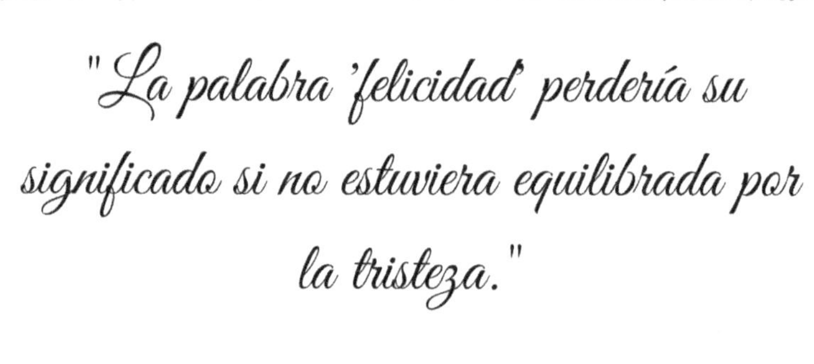

Carl Jung

DIAGRAMA DE VENN PERSONAL

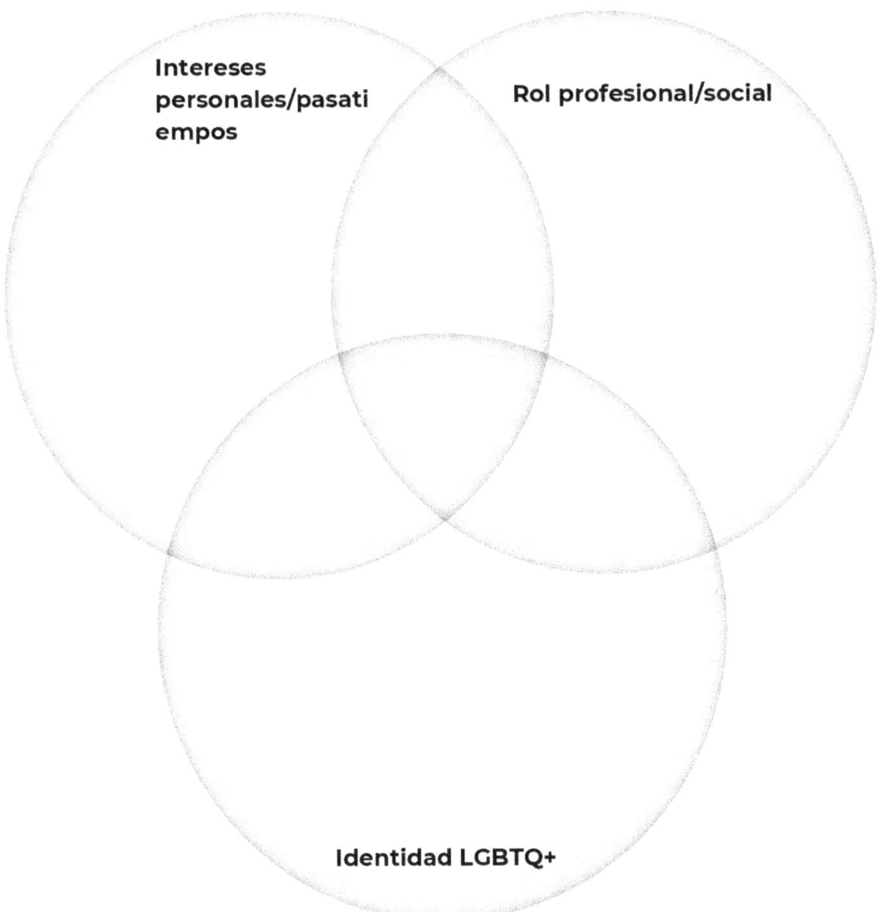

Dentro de las secciones superpuestas, anota experiencias o sentimientos que pertenecen a múltiples círculos. Por ejemplo, un momento en el que tu identidad LGBTQ+ y tu rol profesional se cruzaron.

Momentos definitivos

Recuerde un caso en el que su identidad LGBTQ+ influyó significativamente en una decisión en otra área de su vida. ¿Cómo te sentiste? ¿Volverías a tomar la misma decisión?

Vida diaria

En el día a día, ¿con qué frecuencia piensas conscientemente en tu identidad LGBTQ+? ¿Cómo influye en sus interacciones, decisiones y sentimientos diarios?

Armonía de roles

¿Hay roles o responsabilidades en tu vida en los que sientes que tienes que "bajar el tono" o amplificar tu identidad LGBTQ+? ¿Cómo te hace sentir eso y cómo lo manejas?

Intereses personales

Piensa en un pasatiempo o interés que te apasione. ¿Cómo juega su identidad LGBTQ+ un papel en este interés, si es que lo tiene?

Crecimiento a lo largo del tiempo

¿Hay roles o responsabilidades en tu vida en los que sientes que tienes que "bajar el tono" o amplificar tu identidad LGBTQ+? ¿Cómo te hace sentir eso y cómo lo manejas?

Afirmaciones para el equilibrio

Escribe de 3 a 5 afirmaciones que resuenen contigo sobre cómo equilibrar tu identidad LGBTQ+ con otras facetas de la vida.

Equilibrar múltiples facetas de la identidad es un viaje en evolución, con momentos de claridad y desafíos. Estos ejercicios tienen como objetivo ayudarte a reflexionar, celebrar y, en ocasiones, recalibrar cómo tu identidad LGBTQ+ armoniza con otras partes de tu vida.

Símbolos, Sincronicidades y Crecimiento

SÍMBOLOS LGBTQ+ Y SUS SIGNIFICADOS

Los símbolos han sido durante mucho tiempo herramientas para que las comunidades se representen y se reconozcan. La comunidad LGBTQ+ es rica en símbolos que capturan su historia, luchas y celebraciones. Interactuar con estos símbolos puede ofrecer una conexión más profunda con la comunidad y una comprensión del viaje compartido.

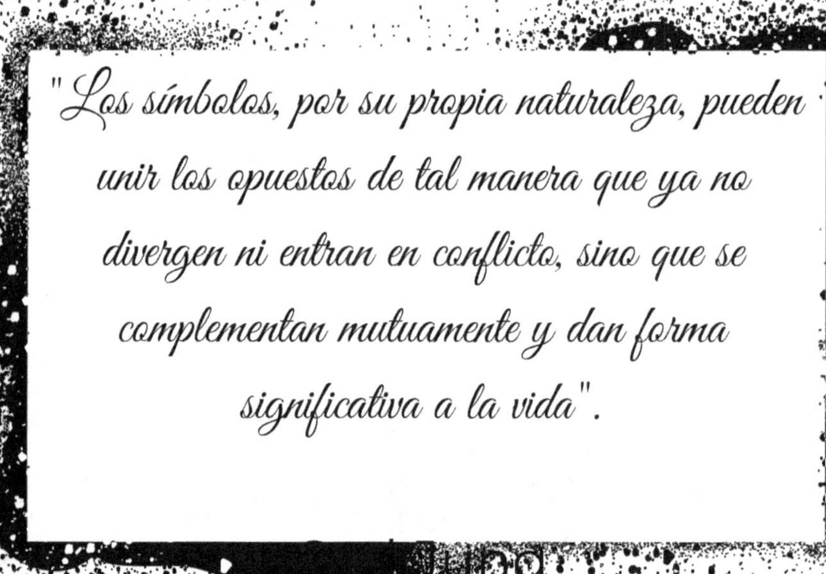

Bandera del
arco iris

Triángulo rosa

Triángulo negro

lambda

Dibuja, imprime o pega imágenes de estos símbolos LGBTQ+. Junto a cada uno, anota su significado histórico o cultural conocido y cualquier conexión o sentimiento personal que asocie con él.

Resonancia personal

¿Hay algún símbolo en particular que resuene profundamente contigo? ¿Por qué sientes una conexión con este símbolo?

Evolución del símbolo

¿Cómo has observado la evolución o cambio en el significado y uso de cualquiera de estos símbolos a lo largo del tiempo?

Creando tu símbolo

Si tuvieras que diseñar un símbolo que capturara tu viaje personal dentro de la comunidad LGBTQ+, ¿cómo sería? Dibújalo o descríbelo.

Símbolos en la vida cotidiana

Durante una semana, presta atención al uso de símbolos LGBTQ+ a tu alrededor, ya sea en publicidad, durante un desfile, en las redes sociales, etc.

Anota:

- El símbolo que observaste.
- El contexto en el que se mostró.
- Su reacción inicial y sus sentimientos hacia su uso en ese contexto particular.

Los símbolos suelen servir como anclas o recordatorios. Pueden animarnos, motivarnos y conectarnos con una comunidad más amplia. En esta sección, considere cómo estos símbolos pueden integrarse en su vida diaria como fuentes de fortaleza, orgullo y unidad.

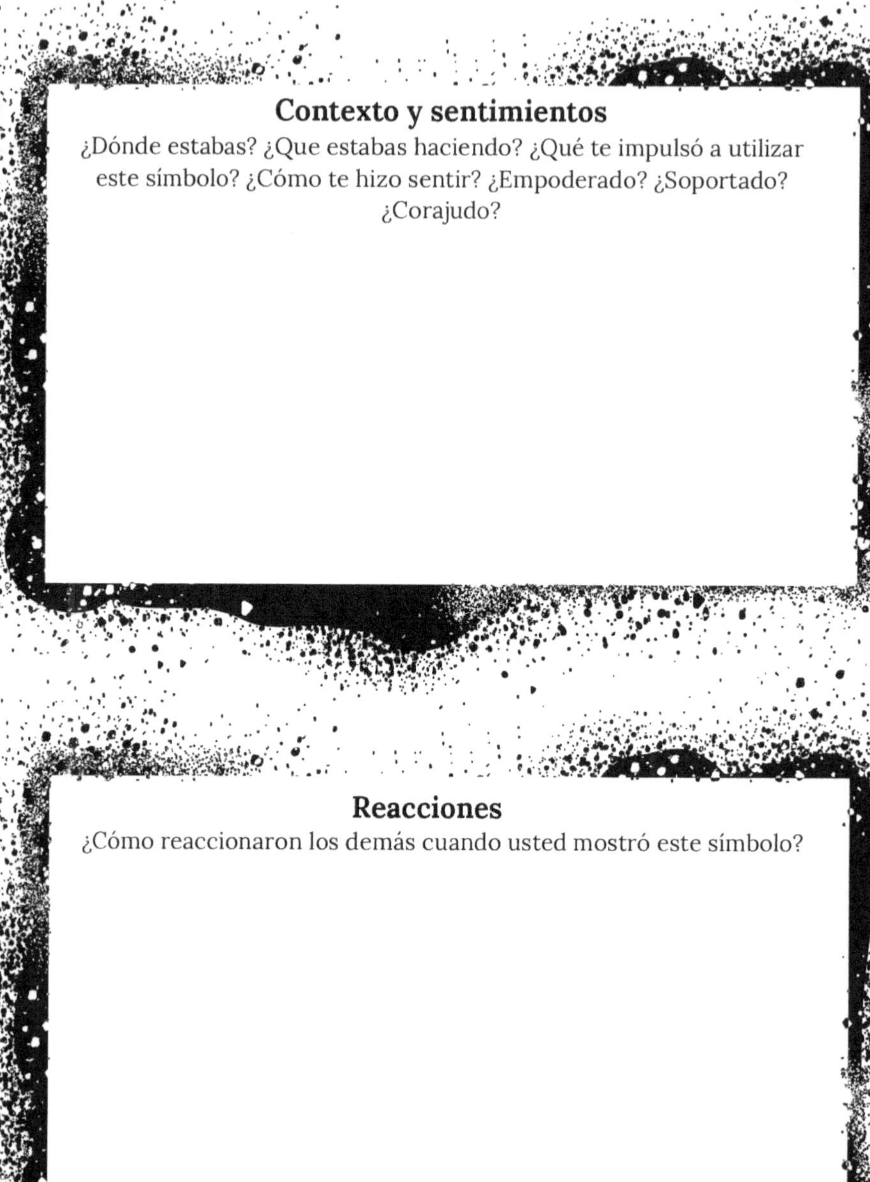

Piense en momentos de su vida en los que haya usado o mostrado alguno de estos símbolos. Quizás usaste un pin de arcoíris o te tatuaste un símbolo en el cuerpo.

COINCIDENCIAS CON EL SIGNIFICADO

La sincronicidad, término acuñado por Carl Jung, se refiere a coincidencias significativas que parecen tener un significado más profundo, a menudo personal. Para la comunidad LGBTQ+, estas coincidencias a menudo pueden servir como afirmaciones, hitos o señales del universo, especialmente durante tiempos de autodescubrimiento, aceptación o defensa.

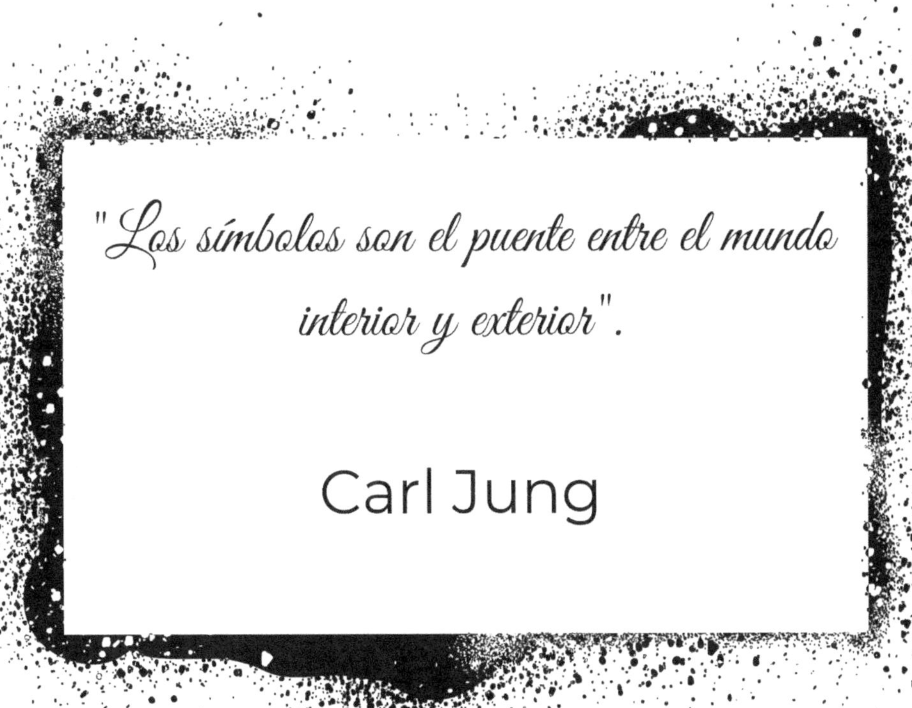

REGISTRO DE COINCIDENCIAS

Fecha y hora
¿Cuándo ocurrió este evento?

Descripción
Detalla el evento sincrónico.

Sentimientos
¿Cómo te sentiste cuando sucedió?

Importancia personal
¿Por qué cree que este evento fue más que un simple suceso aleatorio? ¿Qué significado o conexión más profunda podría tener para usted?

Fecha y hora:

Descripción:

Sentimientos:

Importancia personal:

Dedica un espacio donde puedas anotar las coincidencias significativas que se produzcan en tu vida.

REGISTRO DE COINCIDENCIAS

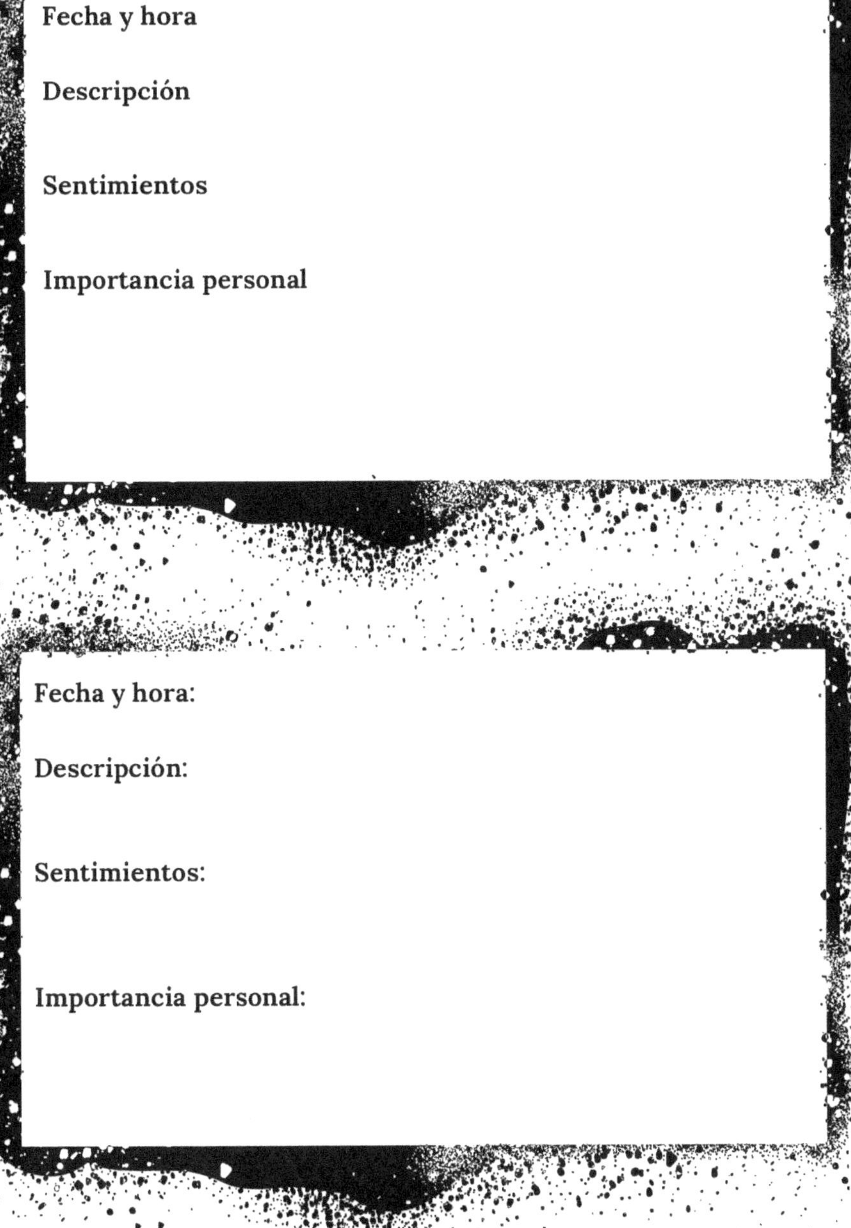

Patrones

¿Ha notado algún tema o patrón recurrente en las sincronicidades que ha experimentado?

Estado emocional

¿Hubo estados emocionales específicos (por ejemplo, sentirse perdido, esperanzado o necesitado de orientación) que precedieron a estos eventos sincrónicos?

Mensajes
Si el universo estuviera tratando de enviarte un mensaje a través de
estos eventos, ¿cuál crees que podría ser?

"El símbolo es un cuerpo vivo, animado
por la energía que lo atraviesa."

Carl Jung

REFLEXIÓN SOBRE SINCRONICIDADES PASADAS

Piensa en una coincidencia significativa de tu pasado que haya tenido un impacto significativo en tu recorrido LGBTQ+, como conocer a una persona que se convirtió en mentor o toparte con un evento comunitario que te pareció "hogar".

El evento

Describe este evento sincrónico pasado.

El impacto

¿Cómo dio forma o influyó en su viaje?

Mirando hacia atrás

En retrospectiva, ¿percibes el evento de forma diferente ahora que cuando ocurrió?

BUSCANDO SINCRONICIDAD

El crecimiento personal, especialmente en el contexto de las experiencias LGBTQ+, es un viaje único y, a menudo, intenso. Cada paso, ya sea lleno de claridad o confusión, contribuye al espectro vibrante de la propia identidad. Esta sección está dedicada a reconocer, celebrar y comprender estos hitos.

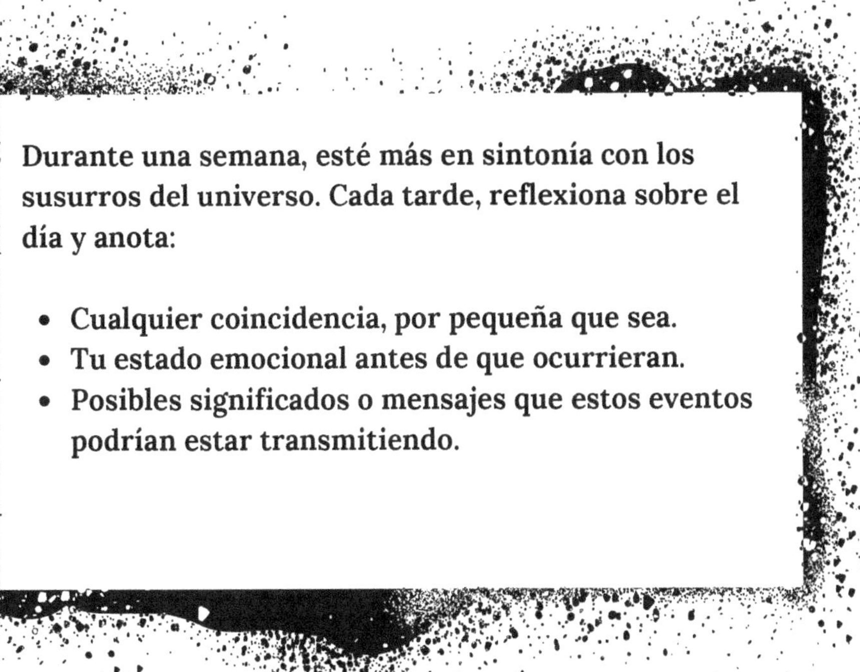

Reflexiona sobre cómo estas coincidencias significativas pueden verse como formas de apoyo u orientación, especialmente durante momentos difíciles o encrucijadas en tu viaje LGBTQ+. ¿Cómo puede reconocer y valorar estas sincronicidades reforzar su sentido de conexión, dirección y esperanza?

REGISTROS DE HITOS

- **Fecha:** ¿Cuándo ocurrió este hito?

- **Descripción:** Describe el evento o realización.

- **Sentimientos:** ¿Qué emociones experimentaste?

- **Impacto:** ¿Cómo este hito dio forma o influyó en su viaje?

Fecha:

Descripción:

Sentimientos:

Impacto:

Un espacio dedicado a registrar hitos importantes en su viaje.

Fecha:

Descripción:

Sentimientos:

Impacto:

Fecha:

Descripción:

Sentimientos:

Impacto:

Reflexión

Piense en un momento crucial en su viaje LGBTQ+ que le generó un inmenso crecimiento personal. ¿Cómo se sintió en ese momento? ¿Cómo lo percibes ahora?

Reconocimiento

Enumera tres cosas que hayas aprendido sobre ti mismo a lo largo de tu viaje.

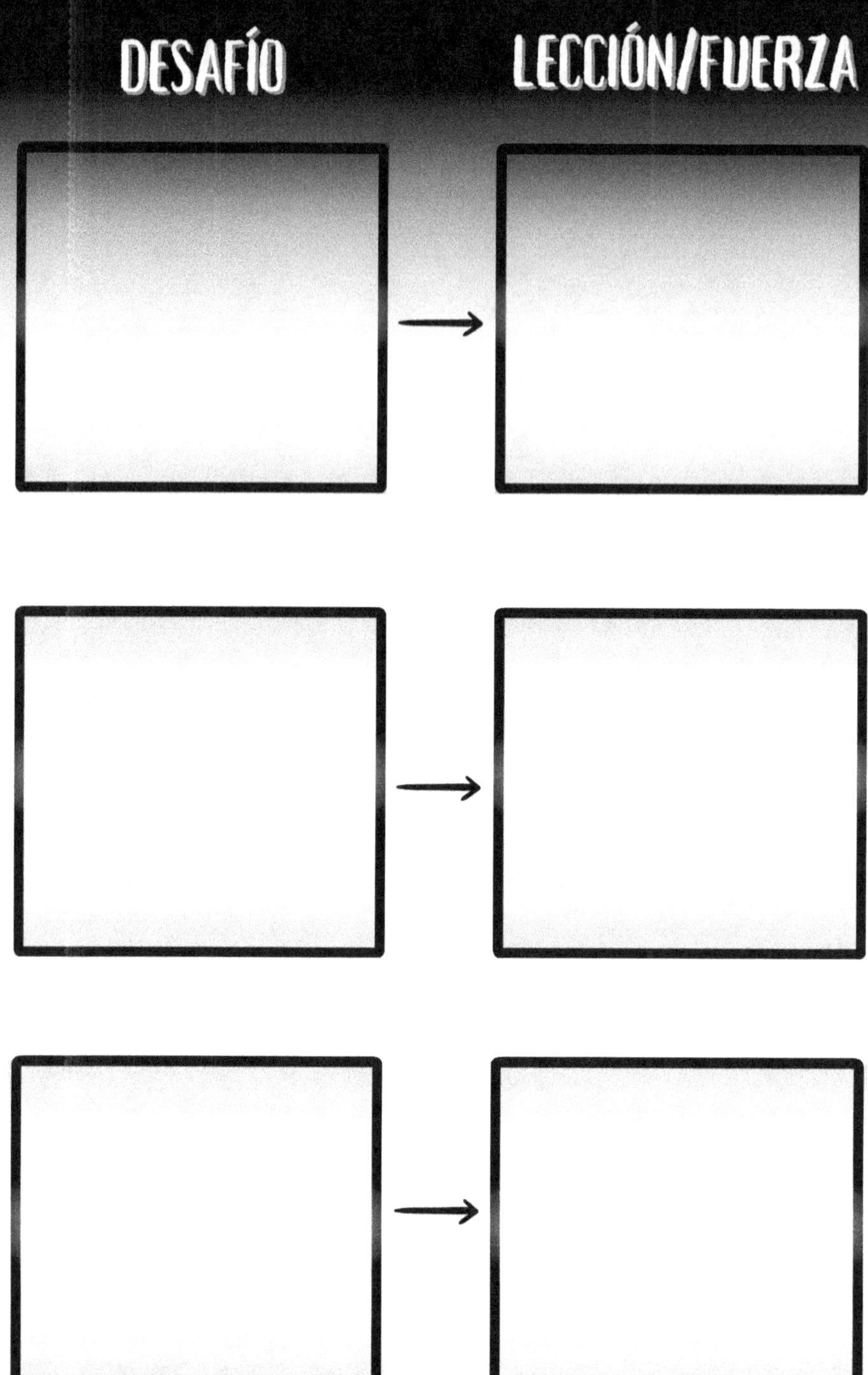

Es esencial hacer una pausa y expresar gratitud por el viaje, incluso por los momentos difíciles, ya que han moldeado quién eres hoy. Enumere 5 desafíos que haya enfrentado. Al lado de cada uno, anota una lección o fortaleza que surgió de ese desafío.

Si las palabras no son suficientes, utiliza colores, bocetos o cualquier forma de arte para representar tu viaje de crecimiento personal. Deje fluir su creatividad y no se limite a las convenciones. Esta es tu historia, en tu tono único.

Horizontes futuros

Reflexiona sobre dónde estás ahora y dónde te gustaría estar en el futuro.
Describe cómo te sientes acerca de tu etapa actual en tu viaje LGBTQ+.
¿Cuáles son algunas aspiraciones u objetivos para la siguiente etapa de su viaje?
Ofrezca palabras de aliento para su yo futuro.

Celebración de uno mismo

Concluya esta sección celebrándolo a USTED. Esto puede ser a través de una carta de autovaloración, creando una lista de reproducción de canciones que definan su viaje o cualquier otra forma que resuene en usted. Recuerde, cada paso que ha dado es digno de reconocimiento y celebración. Ofrezca palabras de aliento para su yo futuro.

CONCLUSIÓN
Celebrando el espectro

Al sumergirte profundamente en las páginas de esta revista, has atravesado los variados paisajes de tus experiencias, sentimientos y reflexiones como miembro de la comunidad LGBTQ+. El acto de llevar un diario en sí es un testimonio de su resiliencia, voluntad de introspección y determinación para reconocer y valorar cada faceta de su identidad.

Reflexionar sobre tu crecimiento se trata tanto de reconocer los desafíos que has enfrentado como de celebrar los triunfos que has logrado. Cada página contiene una historia, un recuerdo, una idea que ha contribuido a formar la persona que eres hoy. Es esencial mirar hacia atrás y apreciar los cambios profundos, tanto sutiles como significativos, que han tenido lugar a lo largo de este viaje.

Pero este diario no es sólo un recuerdo del pasado; es un faro que te guía hacia un futuro lleno de potencial. A medida que avanza, considere establecer intenciones para usted mismo. ¿Cuáles son sus esperanzas para el futuro, tanto como individuo como parte de la vibrante comunidad LGBTQ+? ¿Qué pasos puedes tomar para hacer realidad esas aspiraciones?

Aprecia este diario como testimonio de tu viaje. Vuelve a visitarlo cada vez que necesites un recordatorio de tu fortaleza, la profundidad de tus experiencias y las posibilidades ilimitadas que te esperan. Recuerda, el espectro de tu identidad es vasto, diverso y hermoso. Celébralo todos los días.

GRACIAS

¡Por conseguir este libro y por llegar hasta el final!

Antes de irte, quería pedirte un pequeño favor.
¿Podría considerar publicar una reseña?

Porque publicar una reseña es la mejor y más sencilla forma de respaldar el trabajo de autores independientes como yo.

¡Tus comentarios me ayudarán muchísimo!

>>Deje una reseña en Amazon EE. UU. <<

CALLIE PARKER
TRABAJO EN LA
SOMBRA
PARA PAREJAS
Una guía para fortalecer tu relación, generar confianza y comprensión, y cultivar un amor duradero

EL
DIARIO Y EL
LIBRO DE
TRABAJO EN LA
SOMBRA
PARA PAREJAS
CALLIE PARKER

Trabajo
de
sombras
para
adolescentes
Una guía para adolescentes y jóvenes adultos para superar retos interiores, aumentar la confianza y practicar el amor propio.
CALLIE PARKER

Diario
de
trabajo
en la
sombra
para
adolescentes
Guías y actividades para la curación interior, el desarrollo de la confianza y la práctica del amor propio.
CALLIE PARKER

CALLIE PARKER
TRABAJO
EN LA SOMBRA
EDICIÓN
LGBTQ+
Una guía para la sanación interior y el amor propio

CALLIE PARKER
EL DIARIO DE
TRABAJO
EN LA SOMBRA
EDICIÓN
LGBTQ+

El libro definitivo de autoayuda para la recuperación del abuso narcisista

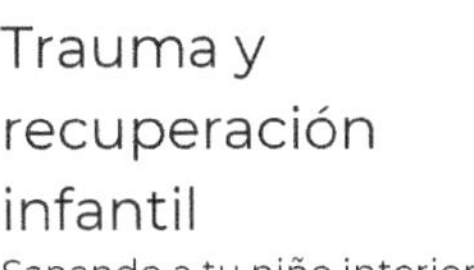

Trauma y recuperación infantil
Sanando a tu niño interior

Cuaderno de ejercicios de recuperación y trauma infantil
Sanando a tu niño interior

Libro para colorear para adultos Mandalas